ORAR
CON MÚSICA

Editorial
NUN

Catalogación de obra

Arce Gargollo, Rafael

Orar con música

1a. edición española, febrero 2016
2a. edición española, mayo 2016
1a. edición mexicana, 2020

ISBN: 978-607-98572-6-4

Editorial Notas Universitarias, S. A. de C. V.
Impreso en la Ciudad de México

Formato: 15 × 23 cm

198 pp.

Editorial Notas Universitarias, S. A. de C. V.
Xocotla 17, Tlalpan Centro, Tlalpan, Ciudad de México, C. P. 014000

www.editorialnun.com.mx

ISBN: 978-607-98572-6-4

Dirección editorial y diseño de interiores: Miryam Meza Robles
Editor y corrector de estilo: Felipe G. Sierra Beamonte
Formación: Shaila Torres Chagolla
Diseño de forros: Magdalena Álvarez Alpízar
Fotografía de portada: Designed by drobotdean / Freepik

Impreso en México 2020

ORAR
CON MÚSICA

Rafael Arce Gargollo

Editorial
NUN

¿Qué es la música?
Es la resonancia del cielo en la tierra,
el eco del paraíso en nuestro exilio.
La música suministra voces
y acompañamiento
para la oración de los mortales.
La música misma es oración.

José María Cabodevilla

En una cultura alérgica a las pretensiones de verdad,
y que se resiste a los dictados morales sobre el bien,
la belleza sigue teniendo eco, y marca el punto de partida
para una evangelización atractiva.

Robert Barron

CÓMO ESCUCHAR ESTE LIBRO

PRIMERA PARTE

SEGUNDA PARTE

PLAYLIST

CÓMO ESCUCHAR ESTE LIBRO

Te sugiero que comiences a leer la primera parte del libro, porque así entenderás y aprovecharás mejor la segunda parte.

Debes descargar la aplicación **Spotify** en tu dispositivo móvil (celular, tableta) o en tu computadora y suscribirte, de preferencia, a la versión *Premium*, así accederás de manera más fácil a todos los fragmentos musicales contenidos en la segunda parte de este libro.

Hay dos maneras para acceder a esta música:

1. La más sencilla: busca en **Spotify** la lista llamada "**Orar con Música 2020**". A continuación, baja a tu dispositivo móvil todos los *tracks* de la lista. Y en cualquier lugar donde estés podrás acceder a su contenido, aunque no estés conectado a internet.

2. Instrucciones para leer los códigos **Spotify** del libro y escuchar la música:

   · Ingresa a **Spotify** en el teléfono celular.
   · En la aplicación vas a la lupa de Buscar y la señalas con el dedo.
   · Luego, en la parte superior verás el signo pequeño de una cámara fotográfica.
   · Tocas ese signo y aparece un cuadro para que apuntes esta cámara al código de **Spotify** de la obra musical que has elegido en el libro.
   · Al instante, se conecta a esa obra y comienza a reproducirla.

Te recomiendo que utilices siempre auriculares para disfrutar al máximo de cada composición musical y así podrás concentrarte al orar con ellas.

Lee al mismo tiempo, en castellano o en su idioma original, la letra correspondiente a dicha composición.

Fíjate bien lo que dice el texto y cómo se puede rezar escuchando estos cantos, haciéndolos tuyos e inspirando tu propia oración.

Rafael Arce Gargollo
arceraf@me.com

PRIMERA PARTE

El efecto transformador de la música

Imagina un jardín de niños muy pequeños. Es medio día. La maestra exclama: "¡Ahora, la clase de música!" Los niños, como cada semana, se recuestan en la alfombra para atender la lección…

Y añade: "¡A cerrar sus ojitos! ¡Pongan mucha atención en esta pieza musical!"

En las cuatro bocinas distribuidas en el salón se escucha la versión coral de Juan Sebastián Bach (1685-1750), *Jesu, Joy Of Man's Desiring*, de la Cantata BWV 147: "Jesús, alegría de los hombres", que ha sido inmortalizada en numerosas versiones (las puedes encontrar en YouTube y otras plataformas).

Al terminar la música la maestra indica: "¡Abran sus ojos!" Todos lo hacen y comienzan a levantarse. Un niño, inmóvil, sigue recostado y deja ver su rostro bañado en lágrimas. Ella se acerca alarmada: "¿Qué te pasa?" "No sé", contesta él, emocionado.

¿Qué es lo que habían oído los niños? Esto:

Lo más probable es que aquel niño con los ojos llorosos gozó de su primera *experiencia estética*; aquella música sublime le enseñó *algo* invisible: nuevas sensaciones vibraron dentro de él y sus sentimientos conectaron con nostalgias profundas, ansias de bien y de verdad, o de infinito… o de Dios. No sabemos. Lo seguro es que a esa semilla sembrada en ese niño se sumarán miles y, sin duda, darán fruto a su tiempo. Algo grande ha pasado en su interior. Se ha abierto a un mundo nuevo.

Así es la música. La buena música, la llamada "clásica", es como el firmamento: descubres una estrella y a su lado otras más brillantes aún… y otra más y mejor que la anterior. Detrás o al lado de una gran obra musical encuentras otra que también es magnífica o superior. Pablo Casals, uno de los más grandes chelistas del siglo XX, decía poco antes de morir que "la humanidad todavía no sabe lo que tiene al poseer el don de la música".

Ruidos y música

¿Has reflexionado, alguna vez, en cuál es la razón por la que nuestros ojos tienen párpados? Es que así podamos cerrarlos, descansar durmiendo, o bien, impedir ver lo que no deseamos.

Los oídos, en cambio, no pueden cerrarse. Están invariablemente abiertos.

Siempre estamos oyendo, querámoslo o no, también los ruidos que no nos dejan descansar. Todo el día nos llegan del exterior voces, gritos, motores de autos, cláxones… y también voces suaves, tiernas de niños o graves de adultos, mil tonos: agudos, desafinados, agradables o irritantes, con mucho o poco volumen.

No podemos dejar de oír. Los oídos están desprotegidos; sus vibraciones afectan nuestro interior, y hasta los sonidos agudos y repetitivos nos exasperan. Nos agota el ruido, pero la música, no.

¿Sabías que todo lo que oyes provoca al menos una mínima conmoción en tu ser? Lo que escuchas te gusta o te molesta, te emociona, te afecta, te anima o desanima, te hace estar eufórico incluso o te entristece al recordar sucesos o personas.

Si escuchas una música bella mientras realizas un trabajo manual, eso estimula tu ánimo. Cuando alguien cocina un pastel, si oye al mismo tiempo una alegre Sonata de piano de Mozart, se le facilita su creatividad en la repostería. Y, como éstos, hay decenas de ejemplos.

Se ha estudiado mucho el impacto educativo de la música en la formación de las personas y en la transformación del ánimo y de las actitudes. Así lo explican, entre otros, Anthony Storr[1] y Alfonso López Quintás.[2]

Es inconmensurable el poder del sonido para transformar nuestras vidas. Y cuando escuchamos música, mucho más, no sólo porque lo que oyes te deleita o no, sino porque evoca "algo más" dentro de ti. Muchas personas, al oír un tema musical tienen el vivo recuerdo de su madre cuando lo cantaba, o de su padre tocando el violín… o a la novia de años atrás; algún suceso

---

[1]   Anthony Storr, *La música y la mente*, Booket, 2020.
[2]   Alfonso López Quintás, *La cultura y el sentido de la vida*, Rialp, 2003.

antiguo se hace presente *hoy*, con gran fuerza, gracias a una melodía. Siempre existe una reacción sensible.

A veces puede suceder algo singular: oyendo música, conectamos con emociones y poseemos una mayor conciencia de nosotros mismos; es una experiencia íntima. En ocasiones, una canción o el "solo" de un instrumento describe fielmente lo que estamos *sintiendo* y no sabemos cómo explicarlo. Si un amigo, por ejemplo, comparte contigo una pieza musical le da vida a estas palabras: "Te daría el regalo de la música para que pudieses conocer tu propia alma" (Betty Kingsley Hawkins).

Esto no es nuevo. La música existe desde que el ser humano habita en el planeta. En todas las culturas, la música ha sido parte inseparable de una boda, de un funeral, de una fiesta y también de ceremonias para los dioses o de preparativos para la guerra. Y no digamos para expresar sentimientos: alegría, pena, desolación… La música posee mil facetas. Gracias a ella, los enamorados expresan mejor su cariño, cuando ella le dice a él: "Dímelo cantando"; serenatas, juglares, cantores, coros… un sinfín de voces humanas han conseguido plasmar los sentimientos de su corazón, o los de otras personas, "pintándolos" con notas musicales.

A través de sus sinfonías, Beethoven (1770-1827) —como cientos de compositores— expresó esos sentimientos profundos que conectan con el hombre de ayer, hoy y siempre. Giuseppe Verdi (1813-1901) proclamó a la perfección, con su música, las ansias de libertad de los italianos ante el invasor austriaco, logrando la unidad moral del pueblo haciéndole cantar, hasta el día de hoy, *Va pensiero* (*Vuela pensamiento*), narración del exilio hebreo en Babilonia y su nostalgia por la tierra natal.

Otros músicos han dispuesto sus notas al servicio de la oración, traduciéndola en un pentagrama, así como tantos pintores o escultores dejaron obras maestras con su propio estilo, expresando cómo entendían ellos a Jesucristo —vivo, muerto o resucitado— o a su madre, María.

En la Grecia antigua la música surgió con los dioses, quienes observaban los cambios interiores que producía en los escuchas: alegría, tristeza, serenidad… No es raro. Si la música "amansa a las fieras" —según el dicho popular—, cuánto puede ayudar para transformar el corazón. Aristóteles (384-322 a.C.) revela:

"Mediante la música, un hombre se llega a acostumbrar a sentir las emociones adecuadas". Es como respirar a través de nuestros oídos; quien oye está vivo. De ahí que, cuando escuchas la música que te encanta, estás oyéndote a ti mismo.

En resumen, la música nos conduce a un mundo interior de emociones, cambia nuestro ánimo, nos traslada a otros mundos, estimula con su energía, nos descansa y proporciona paz, sosiego, luego de una tormenta de tensiones, o de la pesadez del propio yo.

¿Puede la música conectarme con Dios?

La música que, a lo largo de los últimos diez siglos, se ha compuesto para hablar con Dios, puede ser una experiencia estética única; la experiencia es análoga a la de inspirarte en cientos de poesías y cantos de amor para expresar lo mejor posible tus sentimientos a alguien que amas.

Existe música compuesta sólo para Dios. Dejando a un lado a todas las creencias y sus cantos espirituales, la fe cristiana se ha expresado siempre musicalmente.

Cuánto debe el arte al cristianismo que ha inspirado a incontables pintores, arquitectos, escultores, escritores, poetas. Sin él, las bibliotecas, las calles, los museos estarían vacíos; habría, desde luego, menos belleza en el mundo. En el caso de la música para hablar con Dios (música sacra), existen centenares de obras con notas sublimes que nos elevan para *hablar con Él, cantando*.

Durante veinte siglos, la música sacra ha expresado "modos de rezar" y dar vida a lo que san Agustín (354-430) intuyó magistralmente: "Quien canta, reza dos veces".

No es que Dios "necesite" de nuestras palabras y cantos. Somos nosotros los beneficiados, ya que "por la alabanza divina el hombre se eleva a Dios".[3] Salimos ganando, pues, mientras más nos elevamos a lo trascendente, más nos acercamos a Él y nos alejamos de aquello que le es contrario.

Todo arte auténtico provoca al menos una pequeña sacudida emotiva y saludable que nos permite salir de nosotros mis-

---

[3] Santo Tomás de Aquino, *Suma teológica*, q91a1 resp.

mos ("éxtasis") y nos "entusiasma", en el sentido propio y etimológico del término *tener a Dios dentro, estar en Dios, arrebato, éxtasis, salir de sí* y nos atrae hacia otro ámbito distinto, más elevado.

Lo auténticamente bello es la flecha de la nostalgia que alcanza al hombre y lo hiere —y como si le diera alas—, lo encumbra hacia lo alto.

Te propongo un ejemplo: entras a una catedral de estilo gótico y, sólo por el hecho de atravesar esa puerta, algo te obliga —azorado— a elevar la mirada. No la diseñaron tan alta y gastaron siglos en construirla, sólo "porque sí", sino para que su altura te eleve a alturas eternas.

También sus vitrales de mil colores crean una atmósfera que no se parece a nada de lo que contemplas en la calle, en una tienda, en un cine, etcétera. La luz de ése y otros templos cristianos —los vitrales son auténticas obras de arte— atrae porque es única, como es única la luz y "atmósfera" del cielo. Esa belleza te hiere; parece como si te llamara al destino último, a tu propio hogar: la casa del Padre a la que perteneces y deseas "volver"… aunque nunca hayas estado allí.

Cuánto más provocará ese efecto si, volviendo a la música, su belleza nos eleva a Dios y nos permite cantar con ángeles o unirnos a la liturgia celeste. Ante la grandeza de Dios, manifestada en las obras de la creación, o en tantas muestras de su amor, el creyente lo alaba, le agradece, ¡canta! porque, cantando, todo se expresa mejor.

La música —y en particular la música sacra— puede crear una experiencia y sensación de plenitud difícil de describir, que nos eleva a *algo*: casi como si tocáramos el paraíso y Dios nos regalara un "pedacito de cielo" para que *queramos ir allí*, a ver la obra completa.

¿Por qué la música puede enseñarme a orar?

a) La tradición musical multisecular de la Iglesia católica *es, en sí misma, de un gran valor.*[4]

---

[4]   *Catecismo de la Iglesia católica*

b) Muchas obras musicales fueron compuestas con la *única finalidad* de acompañar la oración litúrgica de los fieles. En los templos, el canto no "ameniza" o "ambienta" la Misa: *es parte esencial de la liturgia.*[5] Quien canta en la acción litúrgica y hace oración en su corazón, expresa más profundamente su fe y, se puede afirmar con san Agustín, *que reza dos veces.* Puede orar mejor si dispone su alma y su ser en aquello que canta y escucha, porque reza con las mismas personas que está oyendo cantar, ya que la música "es la resonancia del cielo en la tierra, el eco del paraíso en nuestro exilio. La música suministra voces y acompañamiento para la oración de los mortales. La música misma es oración" (José María Cabodevilla).

c) Aunque mucho depende de la sensibilidad y cultura de quien escucha esa música —conocedor o principiante—, la experiencia muestra que la buena música abre la inteligencia, la voluntad y el corazón a nuevos mundos. Y si es sacra y bella, nos lanza "hacia arriba", hacia Dios. La música compuesta para hablar con Dios tiene como finalidad establecer comunicación con lo sobrenatural, tiene la capacidad expresiva para llegar a donde no llegan las propias palabras, es cauce de sentimientos, anhelos, deseos profundos, tristezas, dolores y alegrías.

Personas que han conectado con Dios (han hecho link) a través de la música

1. San Agustín (354-430).

El futuro padre y doctor de la Iglesia se hallaba en Milán en un proceso tortuoso para abandonar su vida anterior y emprender

---

[5] Concilio Vaticano II, Constitución *Sacrosanctum Concilium* sobre la Sagrada Liturgia, núm. 112.

un nuevo camino hacia la fe cristiana, que culminaría en su conversión. El santo obispo Ambrosio le acompañaba y el discípulo oía sus brillantes sermones, pero sobre todo el espacio interior del templo lo cautivaba y, pasados los años, dirigiéndose a Dios, exclamaba: "¡Cuánto lloré con tus himnos y tus cánticos, fuertemente conmovido con las voces de tu Iglesia, que dulcemente cantaba! Penetraban aquellas voces mis oídos y tu verdad se derretía en mi corazón, con lo cual se encendía el afecto de mi piedad y corrían mis lágrimas, y me iba bien con ellas".[6] El mismo san Ambrosio escribe: "Se canta el salmo y hasta los corazones de piedra se ablandan. Vemos llorar a los pecadores más obstinados, doblegarse los recalcitrantes".[7]

2. Vladimiro, zar de Rusia y príncipe de Kiev (956?-1015).

Hacia el año 988, Vladimiro I "envió legados a diversos pueblos para comprobar qué clase de culto religioso rendían a Dios y decidir así cuál de ellos escogería. Los legados fueron a los búlgaros (del Volga), musulmanes, y volvieron sorprendidos de lo que realizaban en sus mezquitas. Fueron luego a los germánicos, cristianos latinos, y encontraron que su culto era frío, sin sentimiento. Finalmente, se dirigieron a Constantinopla, donde les recibió el emperador. Éste se alegró y, poniéndose en contacto con el patriarca, le avisó: "Los de Rus' (Kiev) han venido a indagar acerca de nuestra fe. Disponed el templo y a los ministros del Señor y revestíos con vuestras vestiduras sacerdotales para que puedan ver la gloria de nuestro Dios". El patriarca convocó a los ministros del Señor y, según la costumbre, celebraron un oficio festivo. Prendieron los incensarios y convinieron con el coro para que entonara los cánticos de la himnodia sagrada. El emperador entró con los legados en el templo y los situó en un lugar abierto, mostrándoles la belleza del edificio, el canto y el culto que los sacerdotes, diáconos y ministros rendían al Señor; les habló del servicio divino. Los legados quedaron profundamente asombrados y se maravillaron de los divinos oficios. A su regreso a Kiev dijeron

---

[6] San Agustín, *Las confesiones*, Cap. VI, p.14.
[7] San Ambrosio, *Explicaciones sobre los Salmos*, Salmo 1.

a Vladimiro que "lo que habían contemplado en Constantinopla no podía expresarse fácilmente en palabras y que durante la celebración litúrgica, *no sabían si se hallaban en la tierra o en el cielo*".[8]

3. Manuel García Morente (1886-1942).

En plena guerra civil española, en 1937, este filósofo español escapó a París, en donde se encontraba sumido en la depresión porque estaba solo, sin su familia. Se rebelaba ante el Dios que sólo conocía como motor inmóvil aristotélico, pareciéndole un Ser demasiado geométrico, frío, distante, desentendido de su dolor de padre y esposo. "¿Cómo va a existir Dios Amor, si yo no puedo estar con mi familia?, ¿por qué me castiga?". Encendió la radio y en ese momento tocaban la preciosa obra de Berlioz (1803-1869), *La infancia de Cristo*, en el movimiento "La despedida de los pastores", donde el compositor describe Belén cuando Jesús nace y los pastores regresan con gozo a casa. Narra esta experiencia estética en su obra *El "hecho extraordinario"*.[9] Al acabar la pieza, Morente sintió sumergirse "en un estado de 'deliciosa paz'. Y de pronto se hizo [...] una gran luz. Volví la cara hacia el interior de la habitación y me quedé petrificado. Allí estaba Él. Yo no lo veía, yo no lo oía, yo no lo tocaba. Pero Él estaba allí". Se había convertido —el golpe final— en un instante. Luego de su conversión, ya viudo, fue ordenado sacerdote católico, en 1940.

Lo bello es signo de algo trascendente, como si se abriera una rendija al paraíso y un rayo de la plenitud que nos espera, dijera: "*Ven*". Lo bello pertenece a otro mundo. Algo que nos invita a ir más allá, a descubrir otro horizonte, algo grande que —queramos reconocer o no— aspiramos a poseer.[10]

4. Un cardenal católico y un obispo luterano.

El cardenal Ratzinger (futuro papa Benedicto XVI), pianista y gran conocedor de la música, recordaba, siendo cardenal de Munich: "Vuelve a mi mente un concierto de piezas musicales de Johann Sebastián Bach [...], dirigido por Leonard Bernstein. Al concluir

---

[8]   Citado por Félix Ma. Arocena, *En el corazón de la liturgia*, Palabra, Madrid,1999.

[9]   Manuel García Morente, *El "hecho extraordinario"*, Rialp, Madrid, 1996.

[10]   Alfonso López Quintás, *La cultura y el sentido de la vida*, p. 314.

el último fragmento, en una de las Cantatas sentí, no por razonamiento, sino en lo más profundo del corazón, que lo escuchado me había transmitido verdad, verdad del sumo compositor, y me impulsaba a dar gracias a Dios. Junto a mí estaba el obispo luterano de Munich y, espontáneamente, nos dijimos: "Quien haya escuchado esto, sabe que la fe es verdadera. Escuchando esto se comprende: es verdad; es verdadera la fe tan fuerte y la belleza que expresa irresistiblemente la presencia de la verdad de Dios".[11]

5. Personas no cristianas o alejadas de Dios.

Cuántas personas han sido tocadas por la gracia de la conversión al escuchar cantos que alaban a Dios. El gran artista Miguel Ángel (1475-1654) se inspiró en los cantos del Sábado Santo para el fresco del *Juicio final* de la Capilla Sixtina. Alejandro Manzoni (1785-1873), el más famoso de los literatos italianos, se abrió a Dios oyendo los cantos de la iglesia de San Roque, en París. Por su parte, Paul Claudel (1868-1955), no creyente, entró en el día de Navidad en la catedral de París, mientras se cantaba el *Magníficat*, y tuvo una fuerte experiencia religiosa y una profunda conversión, pasando a ser un católico ferviente.

Hoy se afirma que muchas personas, en particular los jóvenes, se apartan de la Iglesia católica. Es verdad, pero no es toda la verdad. Se oye muchísimo menos el testimonio de miles de personas, jóvenes y adultas, que cada año se convierten a la fe (en Corea, África, Estados Unidos, Francia, etcétera). Valga este testimonio de unos obispos africanos que, en años recientes, se refieren a los así llamados "prosélitos del umbral"; son los polígamos, los no bautizados, quizá también los musulmanes que se asoman a la puerta de la Iglesia católica, atraídos por la belleza de la liturgia. Sienten *que allí está pasando algo…* Y es que celebrar bien una misa, con fervor, sin añadirle nada, sin hacer de ella un espectáculo, siendo quien celebra un sacerdote que no se "hace el protagonista", sino que sabe desaparecer y cree profundamente esa —para el ateo— "puesta en escena", logra la auténtica primera evangelización. La liturgia nos traslada a otro

---

[11] Cardenal Joseph Ratzinger, "El sentimiento de las cosas, la contemplación de la belleza", mensaje para el *meeting* para la amistad entre los pueblos, Rímini, Italia, agosto de 2002.

mundo: al mundo de lo bello que es, por lo mismo, también bueno y verdadero, si se vive y celebra intensamente.

Cuando a un no creyente se le propone *la verdad* puede producirle —quizá como reacción— indiferencia, escepticismo, rabia. "¿Qué es la verdad? Eso no existe", afirma. O bien: "Ésa es 'tu' verdad" o responder secamente: "Déjame en paz. ¿Qué es lo bueno? Lo que me da la gana y ya". Sucede. Cuando se le insta a "portarse bien", podemos desmoralizarlo: "Sí —te responderá—, Dios es muy bueno y perfecto… pero yo sé que no lo soy; soy una porquería por mi mala vida, de la que no puedo salir. Vivo como animal y no tengo opción. Eso no es para mí. Es inútil intentarlo". Pero al colocarlo *delante de la belleza*, de lo hermoso, de la belleza de Dios, puede producirse un cambio: lo desarmas. Lo bello le acerca a lo bueno y a lo verdadero.

El tercer camino

Se "desarma" porque, como afirmó Lope de Vega (1562-1635), uno de los literatos más grandes del Siglo de Oro, la música es "divina concordancia deste mundo inferior y del angélico. Todo cuanto hay en todo, todo, todo es música; música el hombre, el cielo, el sol, la luna, los planetas y los signos, las estrellas; música la hermosura de las cosas".[12]

Desde que era cardenal, Joseph Ratzinger (1927) —y después papa Benedicto XVI— pensaba, con agudo acierto, que la forma de hablar de Dios en un mundo ateo, no es mostrarlo por la vía de lo que es bueno o malo, verdadero o falso —categorías actualmente devaluadas que no convencen en un mundo saturado de relativismo, discursos vagos, palabrería o ideologías de última moda—. No. Ratzinger aconsejaba un tercer sendero: *via pulchritudinis*, "el camino de la belleza", ante la imposibilidad de crear consensos sobre qué es bueno, malo, falso o verdadero. En cambio, la mayoría de las personas coincide en lo que es objetivamente bello: un paisaje, una obra de arte, la buena música. Para lograr la paz, el mundo requiere urgentemente de *consensos*. No los logrará gritando en las cámaras de legisladores o a puñetazos

---

[12] Lope de Vega, *Los locos de Valencia*.

entre políticos; ni con las férreas dictaduras del relativismo. *La vía es mostrar, sencilla y continuamente, lo bello a todos*, desde que nacen hasta que mueren. También desde esa belleza se vislumbra a Dios Creador.

Encontrarnos con la belleza de tipo fuerte y trascendente suele llevar a la pregunta de por qué esa maravilla que nos encanta es posible, y qué o quién la ha inspirado o generado. Desde ahí inicia un camino hacia lo divino y lo religioso. Johan Wolfang Goethe, el gran poeta alemán, oyó varias composiciones de Bach para órgano en una iglesia y comentó después que "le había parecido oír el rumor del cosmos en los días del Génesis".

Quizá ésa, y no otra, sea la única puerta de salida para este mundo tan complicado y violento, como lo proclamó Dostoievski (1821-1881), hace más de cien años: "La belleza salvará al mundo".[13] Y podrá ser también la que nos guíe a la eternidad.

Entonces, ¿se puede orar con música?

Si orar es hablar con Dios de lo que tú desees, entonces cualquier *cosa* puede servirte como punto de partida para ese diálogo con Él.

Todo puede y debe servirnos para descubrir a Dios, escondido en lo más visible para nuestros sentidos.

Se puede orar, por ejemplo:

- **Al contemplar la naturaleza.** Lo bello puede conducirnos mucho más rápido a Dios que mil fríos razonamientos. Él nos muestra que existe y que nos ama haciendo bello todo lo que nos rodea para que, en esa belleza natural, descubramos su autoría y, así, percibamos que todo lo realizó por amor. Al contemplar un paisaje espectacular ya no pensarás únicamente: "¡Qué hermoso!", sino que darás el paso siguiente: "¡Qué bueno es Dios!, que sabía que hoy yo estaría aquí y me comunica: 'Esto que te regalo es una

---

13 Fiodor Dostoievski, *El idiota*, Cap. V, p. III.

sorpresa que sé te gustará. Pensé en ti. Aquí estoy, aunque no me veas'". Lo creó sólo por amor. Como es *el* artista, es el mejor pintor de paisajes y el mejor compositor; basta oír la gama variadísima de sonidos de la naturaleza: viento, aves, lluvia o contemplar, por horas, el imponente mar. En realidad, como afirmó Urs Von Balthasar (1905-1988): "Lo primero que captamos del misterio de Dios no suele ser la verdad, sino la belleza".

El hombre busca a Dios. Por la creación, Dios llama a todo ser desde la nada a la existencia. Ya lo exclamaba el salmista: "Coronado de gloria y esplendor" (Salmos 8, 6), el hombre es, después de los ángeles, capaz de reconocer: "¡Qué glorioso es el Nombre del Señor, por toda la tierra!" (Salmos 8, 2).14

- **Al admirar imágenes sagradas.** Cuántas pinturas y esculturas son verdaderas obras catequéticas e inspiradoras del diálogo con Dios o con la Virgen María.

- **Al escuchar una homilía o conversación espiritual.** Puedes meditar y dialogar con Él sobre eso que vas oyendo y, simultáneamente, hilar por tu cuenta tu propio tema.

- **Al leer textos.** En particular de la Sagrada Escritura y meditarlos, como base de un coloquio personal con Dios.

- **Al apreciar las cosas.** José María Cabodevilla (1928-2003) afirma en su libro póstumo *Orar con las cosas* que se puede rezar a través de la materia y menciona 120 "cosas" (la aguja, el teléfono, el vaso, la pecera…), dedicándole a cada una un breve apartado, pues "las cosas pueden decirnos algo sobre Él […]. En verdad es justo y necesario orar con las cosas, a partir de ellas,

---

14 *Catecismo de la Iglesia católica*, núm. 2566.

junto con ellas, sumándonos así a una alabanza que las criaturas vienen dirigiendo a Dios desde mucho antes de que el ser humano apareciese sobre la faz de la Tierra".[15]

Y también se puede orar —¿por qué no?— *oyendo música*: de manera muy particular aquélla compuesta justamente para orar cantando o cantar orando, con textos bellísimos y doblemente expresivos por la belleza musical que los acompaña.

En las siguientes páginas trataré de explicar —y lo comprobarás al escuchar algunos ejemplos— cómo la música compuesta para hablar con Dios nos eleva hacia Él y permite la mejor comprensión de sus misterios.

---

[15] José María Cabodevilla, *Orar con las cosas,* Madrid, BAC, 2003, pp. 11-12.

SEGUNDA PARTE

Orar con **música**

1 ORAR PROFESANDO LA PROPIA FE

2 ADORAR AL PADRE, AL HIJO Y AL ESPÍRITU SANTO

3 ORAR A DIOS PADRE

4 ORAR A JESUCRISTO

5 ORAR AL ESPÍRITU SANTO

6 CANTAR PARA ALABAR Y DAR GRACIAS A DIOS

7 ORAR ANTE LA EUCARISTÍA

8 ORAR A MARÍA

9 CANTAR CON LOS ÁNGELES

10 ORAR EN NAVIDAD

11 ORAR EN LA CUARESMA Y PIDIENDO PERDÓN

12 ORAR EN SEMANA SANTA

13 ORAR EN PASCUA

14 CANTOS PARA EL FINAL DE LA VIDA

15 CANTOS PARA CELEBRAR LA MUERTE CRISTIANA

Los símbolos de la fe, también llamados "profesiones de fe" o "Credos", son fórmulas articuladas con las que la Iglesia, desde sus orígenes, ha expresado sintéticamente la propia fe, y la ha transmitido con un lenguaje común y normativo para todos los fieles (Cfr. *Compendio del Catecismo de la Iglesia católica*, núm. 33). La profesión de fe comienza con la afirmación "Creo en Dios" porque es la más importante: la fuente de todas las demás verdades sobre el hombre y sobre el mundo y de toda la vida del que cree en Dios (*idem*, 36).

El texto que se reza o canta habitualmente en la misa tomó forma en el Concilio de Constantinopla (año 381), completando lo que, en el año 325, había definido el anterior Concilio, en Nicea.

Credo in unum Deum… Creo en un solo Dios. Es decir, en un único Dios. El gran compositor Joseph Haydn decía que la primera palabra (*Credo*) no debía cantarse tímidamente, sino que sus notas debían expresar la fuerza y el vigor del alma del creyente, casi gritando con convicción esta verdad fundamental de la propia vida.

La recitación del Credo –los domingos y las solemnidades– es como el distintivo del cristiano; ha de constituir siempre un motivo de santo orgullo para los hijos de Dios, al saborear la asombrosa realidad de ser Pueblo de Dios, Cuerpo de Cristo, Templo del Espíritu Santo. "Somos un solo pueblo que confiesa una sola fe, un Credo; un pueblo congregado en la unidad del Padre, del Hijo y del Espíritu Santo" (San Cipriano).

Dice el papa Francisco (21-II-2014): "Nosotros nos equivocamos muchas veces sobre esto: 'Pero yo tengo tanta fe', escuchamos decir. 'Yo creo todo, todo…'. Y tal vez esta persona que lo dice tiene una vida tibia, débil. Su fe es como una teoría, pero no está viva en su vida. El apóstol Santiago, cuando habla de fe, habla precisamente de la doctrina, de aquello que es el contenido de la fe. Ustedes pueden conocer todos los mandamientos, todas las profecías, todas las verdades de fe, pero si esto no se pone en práctica, no lleva a las obras, no sirve. Podemos recitar el Credo teóricamente, también sin fe, y hay tantas personas que lo hacen así. ¡También los demonios! Los demonios conocen muy bien aquello que se dice en el Credo y saben que es Verdad (…). La fe lleva siempre al testimonio. La fe es un encuentro con Jesucristo, con Dios, y de allí nace y te lleva al testimonio. Es esto lo que el apóstol quiere decir: una fe sin obras, una fe que no te involucre, que no te lleve al testimonio, no es fe. Son palabras y nada más que palabras".

CREDO

Credo in unum Deum,	Creo en un solo Dios,
Patrem omnipoténtem,	Padre todopoderoso,
factórem caeli et terrae,	creador del cielo y de la tierra,
visibílium óminum et invisíbilium.	de todo lo visible y lo invisible.

<table>
<tr><td>Et in unum Dóminum</td><td>Creo en un solo Señor</td></tr>
<tr><td>Iesum Christum</td><td>Jesucristo,</td></tr>
<tr><td>Filium Dei unigénitum.</td><td>Hijo único de Dios,</td></tr>
<tr><td>Et ex Patre natum ante</td><td>nacido del Padre antes de todos</td></tr>
<tr><td>ómnia saécula.</td><td>los siglos:</td></tr>
<tr><td>Deum de Deo, lumen</td><td>Dios de Dios, luz de luz,</td></tr>
<tr><td>de lúmine,</td><td>Dios verdadero do</td></tr>
<tr><td>Deum verum de Deo vero.</td><td>Dios verdadero,</td></tr>
<tr><td>Géntium, non factum,</td><td>engendrado, no creado,</td></tr>
<tr><td>consubtantialem Patri:</td><td>de la misma naturaleza</td></tr>
<tr><td>per quem ómnia facta sunt.</td><td>del Padre,</td></tr>
<tr><td>Qui propter nos hómines</td><td>por quien todo fue hecho;</td></tr>
<tr><td>et propter nostram salútem</td><td>que por nosotros, los hombres,</td></tr>
<tr><td>descéndit de caelis</td><td>y por nuestra salvación</td></tr>
<tr><td>Et incarnatus est de</td><td>bajó del cielo, y por obra del</td></tr>
<tr><td>Spíritu Sancto</td><td>Espíritu Santo</td></tr>
<tr><td>ex María Vírgine</td><td>encarnó de María, la Virgen,</td></tr>
<tr><td>et homo factus est.</td><td>y se hizo hombre;</td></tr>
<tr><td>Crucifixus étiam pro nobis:</td><td>y por nuestra causa fue</td></tr>
<tr><td></td><td>crucificado en tiempos</td></tr>
</table>

sub Póntio Piláto
passus et sepúltus est.
Et resurréxit tértia die,
secúndum scripturas.
Et ascédit in caelum:
sedet ad déxtram Patris.
Et íterum ventúrus est cum glória
inducáre vivos et mortuos:
cuius regni non erit finis.
Et in Spíritum Sanctum,
Dóminum et vivificántem:
qui ex Patre et Filióque prócedit.
Qui cum Patre et Filio
simul adorátur et conglorificátur;
qui locútus est per Prophétas.

Et unam sanctam catholicam
et apostólicam Ecclésiam.
Confíteor unum baptisma
in remissiónem peccatórum.
Et exspécto resurrectiónem mor-
tuórum.
Et venturi saéculi.

Amen

de Poncio Pilato,
padeció y fue sepultado,
y resucitó al tercer día,
según las Escrituras,
y subió al cielo, y está sentado a
la derecha del Padre;
y de nuevo vendrá con gloria
para juzgar a vivos y muertos,
y su reino no tendrá fin.
Creo en el Espíritu Santo,
Señor y dador de vida,
que procede del Padre
y del Hijo, que con el Padre
y el Hijo recibe una misma
adoración y gloria, y que
habló por los profetas.

Creo en la Iglesia,
que es una, santa, católica
y apostólica.
Confieso que hay un solo
bautismo para el perdón
de los pecados.
Espero la resurrección
de los muertos y la vida
del mundo futuro.

Amén

Te presento aquí unos fragmentos musicales de obras maestras. Al oírlos y rezar con ellos profesarás el Credo con una mayor emoción y entenderás mejor la fuerza de estas verdades que son el cimiento de la vida cristiana. Comprobarás también cómo su música refleja y expresa muy bien la belleza de nuestra fe.

1. Credo in unum Deum
Misa en si menor
Johann Sebastian Bach

2. Credo in unum Deum
Misa solemne
Wolfgang Amadeus Mozart

3. Credo
Pequeña misa con órgano
Joseph Haydn

4. Credo in unum Deum
Gran misa en Do menor
Wolfgang Amadeus Mozart

1 ORAR PROFESANDO LA PROPIA FE

2 ADORAR AL PADRE, AL HIJO Y AL ESPÍRITU SANTO

3 ORAR A DIOS PADRE

4 ORAR A JESUCRISTO

5 ORAR AL ESPÍRITU SANTO

6 CANTAR PARA ALABAR Y DAR GRACIAS A DIOS

7 ORAR ANTE LA EUCARISTÍA

8 ORAR A MARÍA

9 CANTAR CON LOS ÁNGELES

10 ORAR EN NAVIDAD

11 ORAR EN LA CUARESMA Y PIDIENDO PERDÓN

12 ORAR EN SEMANA SANTA

13 ORAR EN PASCUA

14 CANTOS PARA EL FINAL DE LA VIDA

15 CANTOS PARA CELEBRAR LA MUERTE CRISTIANA

"Gloria al Padre, al Hijo y al Espíritu Santo". Desde los comienzos del cristianismo hasta hoy, una de las formas de dirigirnos y rezar a Dios, que es Uno y a la vez Tres Personas distintas, ha sido esta frase. Se acostumbra decir al final de la recitación de un Salmo o cuando hemos terminado uno de los Misterios del Santo Rosario; también es la conclusión natural de haber rezado el Padre Nuestro y a continuación el Ave María. Se acostumbra continuar con esta frase también antigua, desde el siglo IV: "Como era en un principio, ahora y siempre, por los siglos de los siglos. Amén". Una oración parecida al Gloria al Padre…, y más larga, es "Gloria a Dios en el cielo y en la tierra paz", que se reza o canta en los domingos y días festivos.

También estos nombres (Padre, Hijo y Espíritu Santo) se mencionan cuando se bendice o se administra algún sacramento, añadiendo una señal de la cruz con la mano a quien los recibe. Era una costumbre común en la Edad Media que los predicadores terminasen sus sermones con esta invocación. En algunos países, especialmente en Alemania, la gente hace la señal de la Cruz en la primera parte de la expresión, considerándola principalmente como una profesión de fe.

Profesar la fe en Dios Uno y Trino también se puede hacer cantando. Oír uno de estos fragmentos musicales te ayudará a orar con más profundidad, advertirás la alegría y la belleza de estas notas con las que se puede adorar a Dios.

GLORIA PATRI

Gloria Patri, et Filio,	Gloria al Padre, al Hijo
et Spiritui Sancto.	y al Espíritu Santo.
Sicut erat in principio,	Como era en un principio,
et nunc, et semper, et in	ahora y siempre por
sæcula sæculorum.	los siglos de los siglos.
Amen	**Amén**

**5. Gloria Patri
et Filio et Spiritui Sancto
Dixit Dominus**
George F. Handel

**6. Gloria Patri
et Filio et Spiritui Sancto
Magnificat**
Antonio Vivaldi

**7. Gloria Patri
et Filio et Spiritui Sancto
Magnificat**
Johann Sebastian Bach

**8. Laudate Dominum
Vísperas Solemnes
"De confessore"**
Wolfgang Amadeus Mozart

 **9. Gloria Patri
et Filio et Spiritui Sancto
Dixit Dominus**
Antonio Vivaldi

Laudate Dominum, "Alabad al Señor" son las palabras iniciales del Salmo 116 (numeración griega) o 117 (numeración hebrea) en latín. En las iglesias católicas este salmo se suele cantar tras la bendición con el Santísimo Sacramento.

Aunque el texto ha sido musicalizado por varios autores clásicos, quizá la música más conocida para este texto es la compuesta por Wolfgang Amadeus Mozart: una soprano comienza cantando sola de forma sublime y luego se le suma un coro.

LAUDATE DOMINIUM

*Laudate Dominum omnes
gentes, laudate eum,
omnes populi
quoniarn confirmata est
super nos misericordia eius,
et veritas Domini manet
in aeternum.
Gloria Patri et Filio
et Spiritui Sancto; sicut erat
in principio, et nunc,
et semper,
et in saecula saeculorum.*

Alabad al Señor todas
las naciones, alabadle todos
los pueblos.
Porque su misericordia ha sido
confirmada sobre nosotros
y la verdad del Señor
permanece para siempre.
Gloria al Padre, y al Hijo,
y al Espíritu Santo; como era
en el principio, ahora
y siempre,
por los siglos de los siglos.

Amen

Amén

Orar con **música**

El Padre Nuestro es "el resumen de todo el Evangelio" (Tertuliano); "es la más perfecta de todas las oraciones" (Santo Tomás de Aquino). Situado en el centro del Sermón de la Montaña (San Mateo, capítulos 5-7), recoge en forma de oración el contenido esencial del Evangelio (*Compendio del Catecismo de la Iglesia católica*, núm. 579). Es llamada "Oración dominical", es decir, "la oración del Señor", porque nos la enseñó el mismo Jesús, nuestro Señor (Cfr. *idem*, 580).

Es la única que Jesús nos dejó (Mateo 6, 9-13) para que fuera no sólo una fórmula sino todo un programa de vida, para aprender a desear y pedir lo que más nos conviene. Nos afianza en la realidad más profunda y sorprendente de la fe, que *somos hijos predilectos de Dios*, que Él es Padre y eso nos llena de seguridad y nos llama a un comportamiento filial equivalente. Esta verdad "causa estupor a los ángeles, admiración al cielo y turbación a la tierra" (san Pedro Crisólogo).

"¿A quién debo orar?, ¿al Dios Todopoderoso?, demasiado lejos. –¡Ah!, esto no lo siento (…). ¡Tú debes rezarle al Padre! Es una palabra fuerte: 'Padre'. Tú debes orar a quien te engendró, al que te dio la vida. No a todos: a todos es demasiado anónimo. A ti, a mí. Y también orar a aquel que te acompaña en tu camino: que conoce toda tu vida. Todo: lo que es bueno y lo que no es tan bueno. Él lo sabe todo. Si no empezamos la oración con esta palabra, no dicha de los labios, sino dicha desde el corazón, no podemos orar en cristiano" (papa Francisco, 20-VI-2013).

PADRE NUESTRO

Pater Noster,	Padre nuestro,
qui es in caelis,	que estás en los cielos,
sanctificétur nomen Tuum,	santificado sea tu Nombre,
adveniat regnum tuum,	venga a nosotros tu reino,
fiat volúntas tua,	hágase tu voluntad,
sicut in caelo et in terra.	en la tierra como en el cielo.

Panem nostrum cotidiánum
da nobis hódie,
et dimitte nobis débita nostra,
sicut et nos dimittímus
debitóribus nostris;
et ne nos indúcas in tentationem,
sed libera nos a malo.

Danos hoy
nuestro pan de cada día,
perdona nuestras ofensas,
así como nosotros perdonamos
a los que nos ofenden,
no nos dejes caer en tentación,
mas líbranos del mal.

**10. Notre Père, Op. 14
(Padre nuestro)**
Maurice Duruflé

11. Padre nuestro
Igor Stravinsky

**12. Como un padre
siente ternura
por sus hijos**
*Johann Sebastian Bach
(inspirado en el Salmo 102)*

COMO UN PADRE SIENTE TERNURA POR SUS HIJOS

Wie sich ein Vater erbarmet
Gott, nimm dich ferner unser an,
uber seine junge Kinderlein,
so tut der Herr uns allen,
so wir ihn kindlich fürchten rein.

Er kennt das arm Gemächte,
Gott weiß, wir sind nur Staub,
denn ohne dich ist nichts getan
mit allen unsern Sachen.
Gleichwie das Gras vom Rechen,
ein Blum und fallend Laub.

Der Wind nur drüber wehet,
So ist es nicht mehr da,
Drum sei du unser Schirm und
Licht, so wirst du's ferner machen.
Also der Mensch vergehet,
sein End, das ist ihm nah.

Como un padre
siente ternura por sus hijos,
así siente el Señor piedad por
todos nosotros si lo tememos
con el candor de un niño.

Conoce nuestra fragilidad
porque él se acuerda de que
somos barro.
Como hierba que no dura como
la flor y las hojas que caen
Dios, sigue cuidando de
nosotros, sin Ti todos nuestros
esfuerzos llevan a nada.

La empuja el viento
y ya no existe,
su terreno no volverá a verla.
Así pasa el hombre y su final
ya se acerca.
Nos queda nuestro escudo
y nuestra luz.
Y si nuestra esperanza no decae,
nos seguirá protegiendo.

Orar con **música**

El centro de la profesión de fe, el "Credo", es Jesucristo. El corazón del Nuevo Testamento es Cristo. El Antiguo Testamento habla de Cristo y se dirige todo a Él. *Yo soy el Alfa y la Omega, dice el Señor Dios, aquel que es, que era y que ha de venir, el Todopoderoso* (Apocalipsis 1, 8). Cristo, ayer y hoy y siempre. Es el mismo.

La esencia del cristianismo no son los dogmas, ni una moral o el culto, todos ellos de primera importancia, sino Jesucristo, segunda Persona de la Santísima Trinidad, que asume una naturaleza humana sin dejar de ser Dios eterno. La buena noticia es el anuncio de Jesucristo, "el Hijo de Dios vivo" (Mt., 16, 16), muerto y resucitado (*Compendio del Catecismo de la Iglesia católica*, 79).

Centro de la fe, centro también de nuestro amor. La liturgia se dirige a Jesucristo en sus celebraciones, a Él que es intercesor ante el Padre en tantas oraciones, y se le alaba rezando y cantando. Porque cantar es de enamorados.

La historia de la música sacra, de Oriente y Occidente, da testimonio de tantas obras que hablan de Jesucristo o se dirigen a Él, poniendo lo mejor de la inspiración poética y musical.

"¡Oh, Hijo Unigénito y Verbo de Dios! Tú que eres inmortal, te dignaste, para salvarnos, tomar carne de la santa Madre de Dios y siempre Virgen María (...). Tú, Uno de la Santísima Trinidad, glorificado con el Padre y el Espíritu Santo, ¡sálvanos!" (liturgia bizantina de san Juan Crisóstomo).

Vivaldi expresa esto en una sola frase —del *Gloria in excelsis Deo*— que se repite de una forma bellísima en un ritmo de contagiosa alegría: *Domine fili unigenite, Iesu Christe*.

13. Domine fili unigenite
Gloria in excelsis Deo
Antonio Vivaldi

Jesús, alegría de los hombres (título original en alemán: *Jesus bleibet meine Freude*, "Jesús sigue siendo mi alegría") es el movimiento núm. 10 de la cantata *Herz und Mund und Tat und Leben* (*El corazón y la boca, y las obras y la vida*). Estrictamente, se trata de un coral protestante, aunque suele usarse mucho en la Liturgia católica: gusta a todos y no sólo no cansa, sino que nos eleva a una atmósfera espiritual de profunda paz. Hoy sigue siendo una de las piezas más conocidas de la música clásica.

14. Jesus joy of mans's desiring Cantata 147
Johann Sebastian Bach

JESUS BLEIBET MEINE FREUDE

Jesus bleibet meine Freude,
meines Herzens Trost und Saft,
Jesus wehret allem Leide,

er ist meines Lebens Kraft,
meiner Augen Lust und Sonne,
meiner Seele Schatz und Wonne;
darum lass' ich Jesum nicht
aus dem Herzen und Gesicht.

Jesús sigue siendo mi alegría,
consuelo y bálsamo
de mi corazón
Jesús me defiende de toda pena

Él es la fuerza de mi vida,
el gozo y el sol de mis ojos,
el tesoro y la delicia de mi alma;
por eso no quiero a Jesús fuera
de mi corazón y de mi vista.

El gran acontecimiento del Jubileo del año 2000, convocado por san Juan Pablo II, fue la celebración que más convocatoria tuvo en la historia de la Iglesia. El Papa estableció un trienio de preparación. El primer año, 1997, estuvo centrado en la Persona de Jesucristo; el segundo, en 1998, en la del Espíritu Santo, y el tercero, en 1999, en la del Padre. Así, el año 2000, según su deseo, fue un cántico de alabanza y glorificación a la Trinidad. Este himno en cada una de sus estrofas es un resumen del Credo. Transmite la idea de que el Hijo de Dios, hijo de María, a lo largo de toda su vida terrena, y también antes y después de ella, como Dios y Hombre verdadero, no ha hecho sino darnos su Amor, dándose a sí mismo al mundo. Y expresa también su segunda venida al final de los tiempos. Todo en un clima de himno triunfal, que llena el corazón de esperanza y alegría.

**15. Gloria Te, Cristo Gesu
(Himno del Jubileo,
año 2000)**
*Marco Frisina,
J. Lécot*

GLORIA TE, CRISTO GESU

Gloria a te, Cristo Gesù,
Oggi e sempre tu regnerai!
Gloria a te! presto verrai:
Sei speranza solo tu!

1. Sia lode a te!
Cristo signore,
Offri perdono,
Chiedi giustizia:
l'anno di grazia
Apre le porte.
Solo in te
Pace e unità.
Amen! alleluia!

Gloria a te, Cristo gesù,
Oggi e sempre tu regnerai!
Gloria a te! presto verrai:
Sei speranza solo tu!

2. Sia lode a te!
Cuore di dio,
Con il tuo sangue
Lavi ogni colpa,
Torna a sperare
L'uomo che muore.
Solo in te
Pace e unità.
Amen! alleluia!

Gloria a te, Cristo Gesù,
Oggi e sempre tu regnerai!
Gloria a te! presto verrai:
Sei speranza solo tu!

Gloria a Ti, Cristo Jesús
hoy y siempre tú reinarás
gloria a Ti, pronto vendrás
eres esperanza sólo Tú.

1. Seas alabado
Cristo Señor,
ofrece perdón
pide justicia
el Año de Gracia
abre las puertas
sólo en Ti,
paz y unidad
Amén, aleluya.

Gloria a Ti, Cristo Jesús
hoy y siempre tú reinarás
gloria a Ti, pronto vendrás
eres esperanza sólo Tú.

2. Seas alabado
corazón de Dios
con tu sangre
lavas toda culpa
vuelve a esperar
el hombre que muere
solo en Ti
paz y unidad
Amén, aleluya.

Gloria a Ti Cristo Jesús
hoy y siempre Tú reinarás,
gloria a Ti, pronto vendrás,
eres esperanza sólo Tú.

3. Sia lode a te!
Prega con noi
La benedetta
Vergine madre:
Tu l'esaudisci,
Tu la coroni.
Solo in te
Pace e unità.
Amen! alleluia!
Gloria a te, Cristo Gesù,
Oggi e sempre tu regnerai!
Gloria a te! presto verrai:
Sei speranza solo tu!

4. Sia lode a te!
Tutta la chiesa
Celebra il padre
Con la tua voce
E nello spirito
Canta di gioia.
Solo in te
Pace e unità.
Amen! alleluia!

Gloria a te, cristo gesù,
Oggi e sempre tu regnerai!
Gloria a te! presto verrai:
Sei speranza solo tu!

3. Seas alabado
Ora con nosotros
la bendita
Virgen Madre:
te escucha,
Tú la coronas,
sólo en Ti
paz y unidad.
Amén, aleluya.
Gloria a Ti Cristo Jesús
hoy y siempre Tú reinarás
gloria a Ti, pronto vendrás:
eres esperanza, ¡sólo Tú!

4. Seas alabado
Toda la iglesia
celebra al Padre
con tu voz
y en el Espíritu
canta de gozo
sólo en Ti
paz y unidad
Amén, aleluya.

Gloria a Ti Cristo Jesús,
¡hoy y siempre tú reinarás!
Gloria a Ti, pronto vendrás:
eres esperanza, sólo Tú.

16. Que el Señor te bendiga y te guarde
John Rutter

QUE EL SEÑOR TE BENDIGA Y TE GUARDE

The Lord bless you and keep you;
the Lord make his face to shine
upon you to shine upon you
and be gracious and be gracious
unto you.

The Lord bless you and keep you
the Lord lift His countenance upon
you, and give you peace, and give
you peace.

Amen

Que el Señor te bendiga y
te guarde, que el Señor deje
resplandecer su rostro sobre ti,
resplandecer su rostro sobre ti y
tenga piedad de ti.

Que el Señor te bendiga y te
guarde, que el Señor alce su
rostro sobre ti y te llene de paz
sobre ti y te llene de paz.

Amén

17. Thine be the glory
Maccabaeus
George F. Handel

THINE BE THE GLORY

Thine be the glory,
risen, conquering Son,
endless is the victory
thou o'er death hast won;
angels in bright raiment
rolled the stone away,
kept the folded grave-clothes
where thy body lay.

Thine be the glory,
risen, conquering Son,
endless is the victory
thou o'er death hast won.

Lo, Jesus meets us,
risen from the tomb;
lovingly he greets us,
scatters fear and gloom.

Let the Church with gladness
hymns of triumph sing,
for her Lord now liveth,
death hath lost its sting:

Tuya sea la gloria,
Resucitado, Hijo vencedor.
Eterna es la victoria que sobre la
muerte has ganado.
Los ángeles con ropa brillante
rodaron la piedra,
dejaron la ropa doblada
donde tu cuerpo yació.

Tuya sea la gloria,
Resucitado, Hijo vencedor.
eterna es la victoria que sobre la
muerte has ganado.

Miren, Jesús nos encuentra,
resucitado de la tumba.
Amorosamente nos saluda,
dispersa el temor y la penumbra.

Que la iglesia cante con alegría
himnos de triunfo.
Pues Su Señor ya vive;
la muerte ha perdido su aguijón.

Thine be the glory, risen,
conquering Son,
endless is the victory
thou o'er death hast won.
No more we doubt thee,
glorious Prince of Life;
life is nought without thee:
aid us in our strife,
make us more than conquerors
through thy deathless love;
bring us safe through Jordan
to thy home above:

Thine be the glory, risen,
conquering Son,
endless is the victory
thou o'er death hast won.

Tuya sea la gloria,
Resucitado, Hijo vencedor.
Eterna es la victoria que sobre la
muerte has ganado.
Ya no tenemos dudas sobre Ti,
glorioso Príncipe de la Vida.
Sin Ti la vida vale nada:
socórrenos en nuestra lucha.
Haznos más que conquistado-
res, por tu amor sin muerte.
Llévanos seguros a través de
Jordán a tu morada eterna.

Tuya sea la gloria, Resucitado,
Hijo vencedor.
Eterna es la victoria que sobre
la muerte has ganado.

18. Adoren al Rey
Joseph. Haydn
Robert Grant

ADOREN AL REY

O worship the king
all glorious above;
O gratefully sing
his power and his love;
our shield and defender,
the Ancient of days,
pavilioned in splendour,
and girded with praise.

O tell of his might,
O sing of his grace,
wwose robe is the light,
Whose canopy space;
his chariots of wrath
The deep thunder clouds form,
and dark is his path
on the wings of the storm.

Frail children of dust,
and feeble as frail;

Adoren al rey,
glorioso en el cielo.
Canten con gratitud
su poder y su amor.
Nuestro escudo y defensor,
el Señor del tiempo
es arropado con esplendor
y rodeado de alabanza.

Narren su poder,
canten su gracia,
cuyo vestido es la luz,
cuyo toldo es el espacio;
sus carros de ira
forman nubarrones de trueno;
y es oscuro su camino
sobre las alas de la tempestad.

Frágiles niños de polvo,
tan débiles como frágiles;

in thee do we trust,
nor find thee to fail.
Thy mercies how tender,
how firm to the end;
our maker, defender,
Redeemer and friend.

O measureless Might,
ineffable Love,
while angels delight
to hymn thee above
thy humbler creation,
though feeble their lays,
with true adoration
shall sing to thy praise.

confiamos en Ti,
nunca nos fallas.
Cuán tiernas tus misericordias,
cuán firmes hasta el fin;
nuestro hacedor, defensor,
Redentor y amigo.

Poder sin medida,
amor inefable,
los ángeles gozan
al cantarte gloriosamente.
Tu creación más humilde,
aunque débiles sus leyes,
con adoración verdadera
canta tus alabanzas.

19. Cántico de Jean Racine
Gabriel Fauré

CÁNTICO DE JEAN RACINE

Verbe égal au Très-Haut,	El verbo de Dios
notre unique espérance,	es nuestra única esperanza,
jour éternel de la terre	el día eterno de la tierra
et des cieux,	y los cielos,
de la paisible nuit	en la tranquila
nous rompons le silence:	noche rompemos el silencio,
Divin sauveur,	¡Divino Salvador,
jette sur nous les yeux.	pon sobre nosotros los ojos!
répands sur nous le feu	¡Difunde por nosotros el fuego
de ta grâce puissante;	de tu gracia poderosa,
que tout l'enfer fuie	que todo el infierno huya
au son de ta voix;	al sonido de tu voz!,
dissipe ce sommeil	¡disperse el sueño
	del alma débil,

d'une âme languissante
qui la conduit à l'oubli de tes lois!

Ô Christ !
sois favorable à ce peuple fidèle,
pour te bénir
maintenant assemblé;
reçois les chants qu'il offre
à ta gloire immortelle,
et de tes dons
qu'il retourne comblé.

que es conducida al olvido
de tus leyes!

¡Oh Cristo!,
sé bondadoso para
con este pueblo fiel
que ahora te bendice reunido,
recibe los cantos que ofrecemos
a tu gloria inmortal,
¡y a tus colmados dones
que nos devuelves!

Orar con **música**

Nuestra fe en el Espíritu Santo se expresa en la tercera parte del Credo que profesamos o cantamos los fieles los domingos, fiestas y solemnidades de la Iglesia católica. "Creer en el Espíritu Santo es profesar la fe en la tercera Persona de la Santísima Trinidad, que procede del Padre y del Hijo y 'que con el Padre y el Hijo recibe una misma adoración y gloria'. El Espíritu Santo 'ha sido enviado a nuestros corazones' (Ga, 4, 6), a fin de que recibamos la nueva vida de hijos de Dios" (*Compendio del Catecismo de la Iglesia católica*, núm. 136)

Su acción en nosotros, si le dejamos, es constante: "La novedad nos da siempre un poco de miedo, porque nos sentimos más seguros si tenemos todo bajo control, si somos nosotros los que construimos, programamos, planificamos nuestra vida, según nuestros esquemas, seguridades, gustos. Y esto nos sucede también con Dios. Con frecuencia lo seguimos, lo acogemos, pero hasta un cierto punto; nos resulta difícil abandonarnos a Él con total confianza, dejando que el Espíritu Santo anime, guíe nuestra vida, en todas las decisiones; tenemos miedo a que Dios nos lleve por caminos nuevos, nos saque de nuestros horizontes con frecuencia limitados, cerrados, egoístas, para abrirnos a los suyos. Pero, en toda la historia de la salvación, cuando Dios se revela, aparece su novedad –Dios ofrece siempre novedad–, trasforma y pide confianza total en Él" (papa Francisco, 19-V-2013).

**20. Et in Spiritum Sanctum
Misa en Si menor**
Johann Sebastian Bach

ET IN SPIRITUM SANCTUM

Et in Spíritum Sanctum,	Creo en el Espíritu Santo,
Dóminum et vivificántem:	Señor y dador de vida, que
qui ex Patre et Filióque prócedit.	procede del Padre y del Hijo,

Qui cum Patre et Filio
simul adorátur et conglorificátur;
qui locútus est per Prophétas.

que con el Padre y el Hijo recibe
una misma adoración y gloria, y
que habló por los profetas.

Et unam sanctam catholicam
et apostólicam Ecclésiam.

Creo en la Iglesia que es una,
santa, católica y apostólica.

Con el Espíritu Santo, en la gloria de Dios Padre es la frase final del himno "Gloria a Dios en el cielo", que se reza o canta en las fiestas y solemnidades de la Iglesia. En este final, muchos músicos han expresado de forma reiterada y solemne, con notas, la palabra "Amén", que significa "Así es", frase que evoca plena seguridad con la que el creyente expresará lo mismo que dice cuando reza: Creo, *Credo.*

21. Cum Sancto Spiritu
Gloria
Antonio Vivaldi

CUM SANCTO SPIRITU

Cum Sancto Spiritu
in gloria Dei Patris.

Con el Espíritu Santo
en la gloria de Dios Padre.

Amen

Amén

"Veni Creator Spiritus": con este himno se invoca la presencia del Espíritu Santo y se expresa todo lo que hace en el alma, llenando de dones al cristiano. Fue escrito para la Solemnidad de Pentecostés. Es una magnífica forma de entender más y descubrir que, verdaderamente, el Espíritu Santo es "Señor" (Dios) y "dador de vida", como se dice en el Credo. Él es Amor y es inmensa su acción santificadora. El himno puede servir de pauta para una oración intensa, meditando cada frase. Se suele cantar también al comienzo de solemnes actos académicos en las universidades o cuando se le pide luces a Dios para acertar en decisiones importantes. Su texto nace en el siglo IX y se suele atribuir a Rábano Mauro. Se le compuso música para el canto gregoriano. Una versión muy famosa se encuentra en el pimer movimiento de la 8a. Sinfonía de Gustav Mahler.

22. Veni Creator Spiritus

VENI CREATOR SPIRITUS

Veni Creator Spiritus,	Ven Espíritu Creador;
Mentes tuorum visita,	visita las almas de tus fieles.
Imple superna gratia,	Llena de la divina gracia
Quae tu creasti, pectora.	los corazones
	que Tú mismo has creado.

Qui diceris Paraclitus,
Donum Dei Altissimi,
Fons vivus, ignis, caritas,
Et spiritalis unctio.
Tu septiformis munere,
Dextrae Dei tu digitus,
Tu rite promissum Patris,
Sermone ditans guttura.

Accende lumen sensibus,
Infunde amorem cordibus,
Infirma nostri corporis,
Virtute firmans perpeti.

Hostem repellas longius,
Pacemque dones protinus;
Ductore sic te praevio,
Vitemus omne noxium.

Per te sciamus da Patrem
Noscamus atque Filium;
Teque utriusque Spiritum
Credamus omni tempore.

Deo Patri sit gloria,
Et Filio, qui a mortuis
Surrexit, ac Paraclito
In saeculorum saecula.

Amen

Tú eres nuestro consuelo,
don de Dios altísimo,
fuente viva, fuego, caridad
y espiritual unción.

Tú derramas sobre nosotros
los siete dones;
Tú el dedo de la mano de Dios,
Tú el prometido del Padre,
pones en nuestros labios
los tesoros de tu palabra.

Enciende con tu luz
nuestros sentidos,
infunde tu amor
en nuestros corazones
y con tu perpetuo auxilio,
fortalece nuestra frágil carne.

Aleja de nosotros al enemigo,
danos pronto tu paz,
siendo Tú mismo nuestro guía
evitaremos todo
lo que es nocivo.

Por Ti conozcamos al Padre
y también al Hijo y que en Ti,
que eres el Espíritu de ambos,
creamos en todo tiempo.

Gloria a Dios Padre
y al Hijo que resucitó
de entre los muertos,
y al Espíritu Consolador,
por los siglos de los siglos.

Amén

"Veni Sancte Spiritus", también llamado "Secuencia de Pentecostés", se reza en la Liturgia de la palabra de esa gran solemnidad. Con ella la Iglesia pide su asistencia al Espíritu Santo. Recuerda la primera venida del Espíritu Santo sobre los apóstoles en Pentecostés, narrada en el capítulo 2 del libro de *Los hechos de los apóstoles*. El texto se atribuye a Stephen Langton (alrededor de 1150-1228), arzobispo de Canterbury, aunque también fueron considerados sus autores tanto el rey de Francia Roberto II, el Piadoso (970-1031), como el papa Inocencio III. Es además de una gran calidad literaria-poética y resume a la perfección lo que un cristiano más desea para crecer continuamente en vida espiritual y superar las dificultades.

23. Veni, Sancte Spiritus 

VENI SANCTE SPIRITUS

Veni, Sancte Spiritus,	Ven Espíritu Santo
Et emitte caelitus	y desde el cielo
Lucis tuae radium.	envía un rayo de tu luz.
Veni, pater pauperum,	Ven padre de los pobres,
Veni, dator munerum,	ven dador de las gracias,
Veni, lumen cordium.	ven luz de los corazones.

Consolator optime,
Dulcis hospes animae,
Dulce refrigerium.
In labore requies,
In aestu temperies,
In fletu solatium.
O lux beatissima,
Reple cordis intima
Tuorum fidelium.

Sine tuo numine
Nihil est in homine,
Nihil est innoxium.
Lava quod est sordidum,
Riga quod est aridum,
Sana quod est saucium.
Flecte quod est rigidum,
Fove quod est frigidum,
Rege quod est devium.

Da tuis fidelibus
In te confidentibus
Sacrum septenarium.
Da virtutis meritum,
Da salutis exitum,
Da perenne gaudium.

Amen

Consolador óptimo,
dulce huésped del alma,
dulce refrigerio.
Descanso en el trabajo,
en el ardor tranquilidad,
consuelo en el llanto.
Oh luz santísima:
llena lo más íntimo
de los corazones de tus fieles.

Sin tu ayuda
nada hay en el hombre,
nada que sea inocente.
Lava lo que está manchado,
riega lo que es árido,
cura lo que está enfermo.
Doblega lo que es rígido,
calienta lo que es frío,
dirige lo que está extraviado.

Concede a tus fieles
que en Ti confían,
tus siete sagrados dones.
Dales el mérito de la virtud,
dales el puerto de la salvación,
dales el eterno gozo.

Amén

24. Far Away
T. Muramatsu

FAR AWAY

Where ever I go
far away and anywhere,
time after time, you always shine
through dark of night,
calling after me.

And where ever I climb
far away and anywhere
you raise me high, beyond the sky
through stormy night,
lifting me above.

Venite Spiritu et emitte caelitus
Venite Spiritu et emitte caelitus
Venite Spiritu, Venite Spirtus
far away, beyond the sky.

Whenever I cry
far away and anywhere
You hear me call when
shadows fall
A light of hope, showing me the way.

And whenever I cry
far away and anywhere

Dondequiera que voy
lejos y en cualquier lugar
de continuo Tú siempre brillas
a través de oscuridad de la
noche llamando en pos de mí.

Y dondequiera que subo
lejos y en cualquier lugar,
me levantas en alto más allá
del cielo a través de la
noche tormentosa.

Ven Espíritu, y envía desde el cielo.
Ven Espíritu, y envía desde el cielo.
Ven Espíritu, ven Espíritu.
Lejos, más allá del cielo.

Cuando lloro
lejos y en cualquier lugar,
Tú me escuchas cuando las
sombras caen.
Con una luz de esperanza me
muestras el camino.

Cuando lloro
lejos y en cualquier lugar,

You raise me high, beyond the sky   me levantas en alto
through stormy night,   más allá del cielo
lifting me up high.   a través de la noche tormentosa.

Venite Spiritu et emitte caelitus   Ven Espíritu, y envía desde el cielo.
Venite Spiritu et emitte caelitus   Ven Espíritu, y envía desde el cielo.
Venite Spiritu Venite Spirtus   Ven Espíritu, ven Espíritu.
Far away, beyond the sky.   lejos, más allá del cielo.

"Cantar es propio de los que aman", se dice. No hay que demostrarlo. Basta ver cómo no bastan las palabras y quien se siente amado, lo comprueba mejor si el amante le dice lo mismo con música. Miles de cantos se han inspirado en el amor humano, lo mismo que las poesías que inundan la historia de la literatura. También para alabar a Dios y mostrarle nuestro profundo agradecimiento y admiración. La historia de la música sacra es amplísima en este tema. Los compositores han plasmado su propio modo de orar cantando en obras musicales, que son auténticas obras de arte.

25. O Praise Ye The Lord
Charles Hubert Parry

O PRAISE YE THE LORD

O praise ye the Lord!
Praise him in the height;
Rejoice in his word,
Ye angels of light;
Ye heavens, adore him,
By whom ye were made,
And worship before him,
In brightness arrayed.

O praise ye the Lord!
Praise him upon earth,
In tuneful accord,

¡Alaben al Señor!
Alábenle en las alturas.
Regocíjense en su palabra,
ángeles de la luz;
cielos, adoren
por quien fueron hechos
ríndanle culto
al luminosamente ataviado.

¡Alaben al Señor!
Alábenle sobre la tierra,
en melodioso acorde,

Ye sons of new birth;
Praise him who has brought you
His grace from above,
Praise him who has taught you
To sing of his love.

O praise ye the Lord!
All things that give sound;
Each jubilant chord
Re-echo around;
Loud organs, his glory
Forth tell in deep tone,
And sweet harp, the story
Of what he has done.

O praise ye the Lord!
Thanksgiving and song
To him be outpoured
All ages along:
For love in creation,
For heaven restored,
For grace of salvation,
O praise ye the Lord!

Amen

hijos del nuevo nacimiento.
alaben a quien les ha traído
su gracia del cielo.
alaben a quien les ha enseñado
a cantar su amor.

¡Alaben al Señor!
todo lo que suena,
cada acorde jubiloso
que resuene a su alrededor.
órganos sonoros, su gloria
aclamen en tonos graves,
y la dulce arpa, la historia
de lo que Él ha hecho.

¡Alaben al Señor!
¡Agradecimiento y cantos
manan y brotan por Él
por los siglos!
por el amor en la creación,
por el cielo restaurado,
por la gracia de la salvación,
¡Alaben al Señor!

Amén

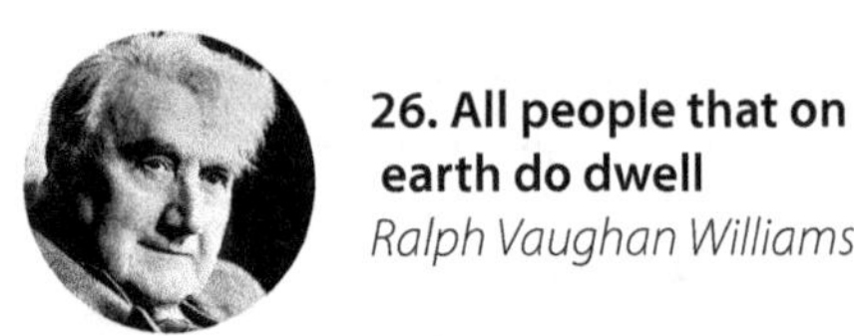

ALL THE PEOPLE THAT ON EARTH DO DWELL

All people that on earth do dwell,
Sing to the Lord with cheerful
voice; Him serve with fear,
his praise forth tell,
Come ye before him,
and rejoice.

The Lord, ye know, is God indeed,
Without our aid he did us make;
We are his folk,
he doth us feed,
And for his sheep he doth us take.

O enter then his gates with praise,
Approach with joy his courts unto;
Praise, laud, and bless his name
always, For it is seemly so to do.

For why? the Lord our God is good:
His mercy is forever sure;
His truth at all times firmly stood,
And shall from age to age endure.

To Father, Son, and Holy Ghost,
The God whom heaven and earth

Todos los que habitan la tierra,
canten al Señor con voz alegre.
Sírvanle con temor,
alábenle con fervor,
comparezcan ante Él
y regocíjense.

El Señor es Dios de veras.
Sin nuestra ayuda, Él nos hizo.
Somos su pueblo
y así nos alimenta.
Y nos recibe como sus ovejas.

Entren, pues, en sus puertas
con alabanzas,
acérquense a su tribunal
con júbilo.
Alaben, ensalcen y bendigan su
nombre por siempre,
porque es justo hacerlo.

Pero, ¿por qué? El Señor nuestro
Dios es bueno:
su misericordia dura eternamente.
Su verdad permanece

*adore, from men and from the
Angel-host Be praise and glory
evermore.*

Amen

siempre firmemente
y durará por los siglos
de los siglos.

Al Padre, al Hijo y al Espíritu
Santo, al Dios a quien el cielo
y la tierra adoran, que los
hombres y el Ángel anfitrión,
le alaben y glorifiquen
para siempre.

Amén

"Gloria a Dios en el cielo". En los días de fiesta, al terminar el acto penitencial, el celebrante y el pueblo rezan juntos este himno de alegría que los ángeles entonaron en la noche de la natividad del Señor, y que la Iglesia amplió para convertirlo también en un canto de alabanza, a las tres personas divinas, Padre, Hijo y Espíritu Santo.

Como nos faltan palabras para decirlo todo, reconocemos así a Dios. *Te alabamos, te bendecimos, te adoramos, te glorificamos, te damos gracias…* Está dicho todo para agradecer tantos dones y su infinita bondad. Y al final, más todavía, *porque sólo Tú eres Santo, sólo Tú Señor, sólo Tú Altísimo, Jesucristo, con el Espíritu Santo en la gloria de Dios Padre.*

GLORIA A DIOS EN EL CIELO

Gloria in excelsis Deo,
et in terra pax hominibus bonae
voluntatis.
Laudamus te,
Benedicimus te,
Adoramus te,
Glorificamus te,
Gratias agimus tibi propter
magnam gloriam tuam,
Domine Deus, Rex caelestis, Deus
Pater omnipotens.
Domine fili unigenite, Iesu Christe,
Domine Deus, Agnus
Dei, Filius patris,
Qui tollis peccata mundi,
miserere nobis.

Gloria a Dios en el cielo,
y en la tierra paz a los hombres
que ama el Señor.
Por tu inmensa gloria
te alabamos, te bendecimos,
te adoramos, te glorificamos,
te damos gracias,
Señor Dios, Rey celestial,
Dios Padre todopoderoso.
Señor, Hijo único, Jesucristo.
Señor Dios, Cordero de Dios,
Hijo del Padre;
Tú que quitas el pecado
del mundo,
ten piedad de nosotros;
Tú que quitas

Qui tollis peccata mundi, suscipe deprecationem nostram.
Qui sedes ad dexteram Patris, miserere nobis.
Quoniam tu solus sanctus,
Tu solus Dominus,
Tu solus Altissimus, Iesu Christe,
Cum Sancto Spiritu in gloria Dei Patris.

Amen

el pecado del mundo,
atiende nuestra súplica;
Tú que estás sentado a la
derecha del Padre,
ten piedad de nosotros;
porque sólo Tú eres santo,
sólo Tú, Señor,
sólo Tú Altísimo Jesucristo,
con el Espíritu Santo
en la gloria de Dios Padre.

Amén

27. Gloria
Marco Frisina

28. Gloria
Misa "O quam gloriosum"
Tomás Luis de Victoria

29. Gloria
Misa en si menor
Johann Sebastian Bach

30. Gloria
Misa solemne
Wolfgang Amadeus Mozart

31. Love Divine, All Loves
 Excelling
Charles Wesley

LOVE DIVINE, ALL LOVES EXCELLING

Love divine, all loves excelling,
Joy of heaven to earth come down,
Fix in us thy humble dwelling,
All thy faithful mercies crown.
Jesu, thou art all compassion
Pure, unbounded love thou art;
Visit us with thy salvation,
Enter every trembling heart.

Come, almighty to deliver,
Let us all thy life receive;
Suddenly return, and never,
Never more thy temples leave.

El amor divino es excelente
entre todos los amores.
La alegría del cielo
baja a la tierra.
Fija entre nosotros
tu humilde morada.
Corona tus fieles misericordias.
Jesús, Tú eres toda compasión:
puro, amor sin límite, eres Tú.
Visítanos con tu salvación.
Entra en cada trémulo corazón.

Ven, Todopoderoso, a liberarnos:
que todos recibamos tu vida.

Thee we would be always blessing,
Serve thee as thy hosts above,
Pray, and praise thee,
without ceasing,
Glory in thy perfect love.

Finish then thy new creation,
Pure and spotless let us be;
Let us see thy great salvation,
Perfectly restored in thee:
Changed from glory into glory,
Till in heaven we take our place,
Till we cast our crowns before thee,
Lost in wonder, love, and praise!

Regresa prontamente y nunca,
nunca más dejes tus templos:
te estaremos siempre
bendiciendo.
Te serviremos como
tus huestes celestiales.
Te adoraremos y
alabaremos sin cesar.
Nos gloriaremos
en tu perfecto Amor.

Finaliza, pues, tu nueva creación.
Déjanos puros y sin mancha;
que veamos
tu admirable salvación,
restaurada a la perfección en Ti:
transformados de gloria en gloria,
hasta que ocupemos en el cielo
cada uno su lugar,
hasta retirar nuestra corona ante Ti:
¡sobrecogidos de asombro,
amor y alabanza!

32. Immortal, Invisible, God Only Wise
Walter Chalmers Smith

INMORTAL, INVISIBLE, GOD ONLY WISE

1. Immortal, invisible,
God only wise,
in light inaccessible
hid from our eyes,
Most blessed, most glorious,
the Ancient of Days,
Almighty, victorious,
thy great Name we praise.

2. Unresting, unhasting,
and silent as light,
nor wanting, nor wasting,
thou rulest in might;
thy justice like mountains
high soaring above,
thy clouds which are fountains
of goodnees and love.

3. To all life thou givest,
to both great and small;
In all life thou livest,
the true life of all;
We blossom and flourish
as leaves on the tree,

1. Inmortal, invisible,
sabio y único Dios,
luz inaccesible escondida
a nuestros ojos,
Santísimo, el más glorioso,
más antiguo que los días,
Todopoderoso, victorioso,
tu gran Nombre invocamos.

2. Incansable, inabarcable
y silencioso como la luz,
no en deseo, ni en presencia,
Tú dominas en fuerza;
tu justicia se alza como
las altas montañas,
tus alturas son fuentes
de bondad y amor.

3. Tú das la vida a todo,
tanto a lo grande
como a lo pequeño;
en toda vida vives,
la verdadera vida de todo;
crecemos y florecemos

And wither and perish,
but naught changeth thee.

4. Great Father of glory,
pure Father of light,
Thine angels adore thee,
all veiling their sight;
All laud we would render:
O help us to see
Tis only the splendour
of light hideth thee.
goodness and love.

como hojas en el árbol,
y nos marchitamos y perecemos,
pero Tú no te mudas ni cambias.

4. Gran Padre de gloria,
Padre de la luz pura,
tus ángeles te adoran,
ocultando su vista;
todos te rendimos adoración:
ayúdanos a ver el esplendor
único de luz
que en ti se esconde.

Joseph Haydn, creyente, decía: "Mi música honra más al Creador que muchas predicaciones que suelen hacerse en el templo de Dios". Su profunda y prolífica inspiración le llevó a componer esta gran obra, la penúltima, con la que quiso honrar a Dios por la Creación del mundo. Comienza describiendo el desorden en el que se halla el universo y nuestro planeta en sus etapas sucesivas y luego cómo Dios lo va ordenando y embelleciendo, desde el mar y la tierra a cada uno de los animales, hasta llegar a su obra más completa: el ser humano. Ante el mundo material ya creado en el tercer día, se canta este himno, que es un derroche de alegría.

33. Suenen las cuerdas
La Creación
Joseph Haydn

SUENEN LAS CUERDAS

Stimmt an die Saiten, ergreift die Leier, laßt euren Lobgesang erschallen! Frohlocket dem Herrn, dem mächtigen Gott!
Denn er hat Himmel und Erde bekleidet in herrlicher Pracht!

¡Sonad las cuerdas y tomad las liras! ¡Entonad vuestros cantos de alabanza! ¡Glorificad al Señor, Dios todopoderoso, que ha revestido cielos y tierra de maravilloso esplendor!

34. Praise to The Lord, The Almighty
Catherine Winkworth

PRAISE TO THE LORD, THE ALMIGHTY

Praise to the Lord, the Almighty,
the King of creation
O my soul, praise him,
for he is thy health and salvation:
Come ye who hear,

Brothers and sisters draw near,
Praise him in glad adoration.
Praise to the Lord,
who o'er all things
so wondrously reigneth,
Shelters thee under his wings, yea,
so gently sustaineth:
Hast thou not seen
All that is needful hath been
Granted in what he ordaineth?

Praise to the Lord,
who doth prosper
thy work and defend thee;
Surely his goodness and mercy
here daily attend thee;
Ponder anew
All the Almighty can do,

Alaben al Señor, el Todopoderoso,
el rey de la creación.
Alma mía, alábale,
pues Él es tu salud y salvación.
Ven tú que escuchas;

Hermanos y hermanas,
acérquense.
Alábenlo en gozosa adoración.
Alaba al Señor,
quien maravillosamente reina.
Sí, te protege bajo sus alas·
Él suavemente te sostiene.
¿Aún no lo sabes?
Él instaura todo lo que
necesariamente será concedido.

Alabado sea el Señor,
quien te concede
prosperidad y te defiende.
Es indudable que su bondad y
misericordia a diario te asisten.
Pondera, sí,
todo que puede hacer, Él,
que con amor se hace amigo.

He who with love
doth befriend thee.

Praise to the Lord,
O let all that is
in me adore him!
All that hath life and breath come
now with praises before him!
Let the Amen
Sound from his people again:
Gladly for aye we adore him.

Alabanzas al Señor,
¡que todo mi ser lo adore!
¡Todo lo que vive y respire,
venga ahora a alabarlo!
Que el amén de su pueblo
suene nuevamente:
alegremente le adoramos.

35. Praise, My Soul, the King of Heaven
John Goss

PRAISE, MY SOUL, THE KING OF HEAVEN

Praise, my soul, the king of heaven!
To his feet thy tribute bring;
Ransomed, healed,
restored, forgiven,
Who like me his praise
should sing?
Praise him! Praise him!

Praise the everlasting king!
Praise him for his grace and favour
To our fathers in distress;
Praise him still the same for ever,
Slow to chide and swift to bless.

Praise him! Praise him!
Glorious in his faithfulness!

Father-like he tends and spares us;
Well our feeble frame he knows;
In his hands he gently bears us,
Rescues us from all our foes.
Praise him! Praise him!
Widely as his mercy flows!

¡Alaba, alma mía, al rey del cielo!
A sus pies deposita el tributo,
rescatado, sanado,
restaurado, perdonado.
¿Quién, como yo, sus alabanzas
debe cantar?
¡Alábale! ¡Alábale!
¡Alaba al rey eterno!

Alábale por su gracia y favor a
nuestros padres en su aflicción.
Alábale por ser
Él mismo siempre,
Lento para enojarse y pronto
para bendecir.
¡Alábale! ¡Alábale!
¡Es glorioso en su fidelidad!

Como Padre, Él nos atiende
y perdona; pues nuestra
debilidad, Él la conoce;
en sus manos nos abriga
suavemente; nos rescata de
nuestros enemigos.

Angels, help us to adore him;
Ye behold him face to face;
Sun and moon bow
down before him,
Dwellers all in time and space:
Praise him! Praise him!
Praise with us the God of grace!

¡Alábale! ¡Alábale!
¡Tan extensamente como mana
su misericordia!

Ángeles, ayúdenos a adorarle;
lo ven, cara a cara;
el sol y la luna se inclinan ante Él.
Todos los que habitan
el tiempo y el espacio.
¡Alábenle! ¡Alábenle!
¡Alabemos al Dios de la gracia!

**36. Te damos gracias,
oh Dios**
Johann Sebastian Bach
Cantata BWV 29

TE DAMOS GRACIAS, OH DIOS

Wir danken dir, Gott,
wir danken dir
und verkündigen d
eine Wunder.

Te damos gracias,
oh Dios,
te damos gracias
y proclamamos
tus maravillas.

Sorprende hallar entre los músicos actuales a este joven compositor Ola Gjeilo, noruego, nacido en 1978 y residente en Estados Unidos. Entre sus obras hay algunos temas corales como el siguiente que, con voces tan suaves, inspiran una buena oración con estos textos de la Liturgia católica. Aquí mezcla en un solo canto textos del "Sanctus" y del "Agnus Dei", sin que se pueda advertir que se trata de dos himnos distintos. Lo hace tocando él mismo el piano acompañado por la orquesta.

37. Pleni sunt coeli et terra gloria tua
Ola Gjeilo

PLENI SUNT COELI ET TERRA GLORIA TUA

Pleni sunt cæli et terra
gloria tua.
Hosanna in excelsis.
Benedictus qui venit
in nomine Domini.
Hosanna in excelsis
Agnus Dei,
qui tollis peccata mundi
dona nobis pacem.

El cielo y la tierra
están llenos de tu gloria.
¡Hosanna en las alturas!
Bendito el que viene
en nombre del Señor.
¡Hosanna en las alturas!
Cordero de Dios,
que quitas el pecado del mundo,
dannos la paz.

Orar con **música**

Un antiquísimo himno, del siglo XIII, escrito por santo Tomás de Aquino (1225-1274) para la festividad de Corpus Christi (Solemnidad del Santísimo Cuerpo y Sangre de Cristo), reza así: "Pange, lingua, gloriosi Corporis mysterium"...: "Canta, lengua mía, el misterio del cuerpo glorioso y de la sangre preciosa, que el Rey de las naciones, Hijo de Madre fecunda, derramó por rescatar al mundo". Innumerables poetas y músicos, secundando esta exhortación, han cantado a Cristo, presente en la Eucaristía, con apego a la Sagrada Escritura, componiendo textos de gran piedad y profundidad teológica, poesía y notas musicales, para adorar al amor de los amores, Dios con nosotros, Jesucristo, que, escondido, es pan de vida para alimentar al mundo. He aquí algunos ejemplos.

Himno bellísimo, en su sobria sencillez. Destaca lo más importante de nuestra fe: la Eucaristía, donde está realmente presente Jesucristo con su Cuerpo, Sangre, Alma y Divinidad. Por eso la Eucaristía se adora, con la adoración que damos a Dios. Mientras hacemos una visita al sagrario, donde está, puede parecer que perdemos el tiempo y no sabemos qué decir. Quizá con decirle a Dios "Aquí estoy", Él nos hace entender esto: "Te estaba esperando". Estar delante del Santísimo Sacramento no es nunca una pérdida del tiempo. La palabra adoración en griego significa postrarse, reconociendo a Dios como Creador, como mi todo. Y en latín (*ad-orare:* boca a boca) significa dar un beso, un abrazo. Es un gesto de amor. Es estar con Dios, dejarse amar, inspirar, bendecir, proteger, sanar y liberar por Él, porque allí está, con su Cuerpo glorioso, vivo, delante de mí.

ADOREMUS IN AETERNUM
SANCTISSIMUM SACRAMENTUM

*Adoremus in aeternum
Sanctissimum Sacramentum.*

*Laudate Dóminum omnes gentes,
laudate Eum omnes populi.*

*Quoniam confirmata est
super nos misericordia eius;
et véritas Dómini
manet in æternum.*

*Gloria Patri et Filio
et Spirítui Sancto,
sicut erat in principio
et nunc et semper
et in sæcula sæculorum.
Adoremus in aeternum
Sanctissimum Sacramentum.*

Amen

Adoremos eternamente
al Santísimo Sacramento.

Alabad al Señor
todas las gentes,
alabadle todos los pueblos.

Porque su misericordia ha sido
confirmada sobre nosotros,
y la verdad del Señor
permanece para siempre.

Gloria al Padre, al Hijo
y al Espíritu Santo,
como era en el principio,
ahora y siempre,
por los siglos de los siglos.

Amén

"Pange Lingua" es un himno eucarístico escrito por santo Tomás de Aquino (1225-1274) para la festividad de Corpus Christi (Solemnidad del Santísimo Cuerpo y Sangre de Cristo). Este himno también es cantado el Jueves Santo, durante la procesión desde el altar hasta la capilla donde se reserva el Santísimo Sacramento hasta el día siguiente (Viernes Santo); también es el habitual en todas las procesiones eucarísticas. Las dos últimas estrofas de este himno (el "Tantum ergo") son cantadas como antífona antes de la bendición solemne con el Santísimo, efectuada al finalizar las adoraciones eucarísticas.

39. Pange Lingua
Anton Bruckner

PANGE LINGUA

Pange lingua gloriosi *corporis mysterium* *sanguinisque pretiosi* *quem in mundi pretium* *fructus ventris generosi* *Rex effudit gentium.*	Canta, oh lengua, el misterio del glorioso Cuerpo y de la Sangre preciosa que el Rey de las naciones fruto de un vientre generoso derramó en rescate del mundo.

Como ya se mencionó, se denomina así a la última parte (últimas dos estrofas) del himno eucarístico "Pange lingua", escrito por santo Tomás de Aquino (1225-1274) para la festividad de Corpus Christi (solemnidad del Santísimo Cuerpo y Sangre de Cristo), y que por lo general es cantado durante la adoración del santísimo sacramento. Este himno expresa de manera sencilla y concreta la doctrina de la transubstanciación, en la cual el pan y el vino se convierten verdaderamente en el cuerpo y la sangre de Cristo.

40. Tantum ergo 

TANTUM ERGO

Tantum ergo Sacraméntum,	Veneremos, pues, inclinados
Venerémur cérnui;	tan grande Sacramento;
Et antíquum documentum	y la antigua figura ceda el
Novo cedat rítui;	puesto al nuevo rito;
Præstet fides suppleméntum	la fe supla la incapacidad
Sénsuum deféctui.	de los sentidos.
Genitori Genitóque,	Al Padre y al Hijo
Laus et iubilátio;	sean dadas alabanza y júbilo,
Salus, honor, virtus quoque,	salud, honor,
Sit et benedíctio;	poder y bendición.
Procedénti ab utróque	Una gloria igual sea dada
Compar sit laudátio.	al que del uno y del otro procede.

Amen   **Amén**

"Panis angelicus". El texto alude al dogma de la transubstanciación (toda la sustancia del pan y del vino se convierten en la sustancia del Cuerpo y Sangre de Jesucristo). Es una estrofa del himno "Sacris solemnis" (Cfr. núm. 50 en las páginas siguientes). La versión musical más famosa es la de César Franck, de 1872.

41. Panis Angelicus
César Franck

PANIS ANGELICUS

Panis angelicus
fit panis hominum;
Dat panis coelicus
figuris terminum:
O res mirabilis!
manducat Dominum
Pauper, servus, et humilis.

El pan de los ángeles,
se convierte en
pan de los hombres;
El pan del cielo
termina con todas las
prefiguraciones:
¡Oh cosa admirable!
Que coma al Señor
el pobre, el siervo y el humilde.

42. Pane di vita nuova
Marco Frisina

PANI DI VITA NUOVA

1. Pane di vita nuova
Vero cibo dato agli uomini,
Nutrimento che sostiene il mondo,
Dono splendido di grazia.

2. Tu sei sublime frutto
Di quell'albero di vita
Che adamo non potè toccare:
Ora è in cristo a noi donato.

3. Pane della vita,
Sangue di salvezza,
Vero corpo, vera bevanda
Cibo di grazia per il mondo.

4. Sei l'agnello immolato
Nel cui sangue è la salvezza,
Memoriale della vera pasqua
Della nuova alleanza.

5. Manna che nel deserto
Nutri il popolo in cammino,
Sei sostegno e forza nella prova
Per la chiesa in mezzo al mondo.

1. Pan de vida nueva,
alimento verdadero
dado a los hombres,
nutrición que sostiene al mundo,
don espléndido de gracia.

2. Eres una fruta sublime
De ese árbol de la vida
que Adán no pudo tocar:
ahora está en Cristo dado a
nosotros.

3. Pan de la vida,
sangre de salvación,
verdadero cuerpo,
bebida verdadera,
alimento de gracia
para el mundo.

4. Eres el cordero inmolado
en cuya sangre está la salvación
memorial de la pascua
verdadera y de la nueva alianza.

6. Pane della vita,
Sangue di salvezza,
Vero corpo, vera bevanda
Cibo di grazia per il mondo.

7. Vino che ci dà gioia,
Che riscalda il nostro cuore,
Sei per noi il prezioso frutto
Della vigna del signore.

8. Dalla vite ai tralci
Scorre la vitale linfa
Che ci dona la vita divina,
Scorre il sangue dell'amore.

9. Pane della vita,
Sangue di salvezza,
Vero corpo, vera bevanda
Cibo di grazia per il mondo.

Amen

5. Maná que en el desierto
alimentó al pueblo en el camino.
Eres apoyo y fuerza en las
pruebas para la Iglesia en medio
del mundo.

6. Pan de la vida,
sangre de salvación, verdadero
cuerpo, bebida verdadera,
alimento de gracia para el mundo.

7. Vino que alegra,
que da calor a nuestro corazón,
eres para nosotros
el fruto precioso
de la viña del Señor.

8. Desde la vid a los sarmientos
discurre la linfa de la vida,
que nos da la vida divina,
y se nos da la sangre del amor.

9. Pan de la vida,
sangre de salvación,
verdadero cuerpo, bebida
verdadera. Alimento de gracia
para el mundo.

Amén

43. De rodillas
*Himno del Congreso
Eucarístico Internacional
Barcelona, 1952*

DE RODILLAS

1. De rodillas, Señor, ante el Sagrario,
que guarda cuanto queda de amor y de unidad,
venimos con las flores de un deseo
para que nos las cambies en frutos de Verdad:
Cristo en todas las almas
y en el mundo, la Paz.

2. Como estás, mi Señor, en la Custodia,
igual que la palmera que alegra el arenal,
queremos que en el centro de la vida
reine sobre las cosas tu ardiente caridad:
Cristo en todas las almas
y en el mundo, la Paz.

3. Como ciervos sedientos que van hacia la fuente,
vamos hacia tu encuentro sabiendo que vendrás;
que el que la busca es porque ya en la frente
lleva un beso de paz.

4. Que las llamas gemelas de las almas amigas
se muevan, todas juntas, en único afán,
como el aire ha movido las espigas
que hicieron este Pan.

5. Tiradas a tus plantas las armas de la guerra
rojas flores tronchadas por un ansia de amar,
hagamos de los mares y la tierra
como un inmenso altar.

"Ave verum corpus" es un breve himno eucarístico que data del siglo XIII y se atribuye al Papa Inocencio VI. Se solía cantar en la misa, durante la consagración, más precisamente en el momento de la elevación de la hostia. El título del himno significa "Salve, verdadero cuerpo", aludiendo a la verdad de fe católica en la transubstanciación, y de que María ha formado en su seno al Dios hecho hombre, Jesucristo. *El Pan eucarístico que recibimos es la carne inmaculada del Hijo* de María (san Juan Pablo II). Se trata de una meditación acerca de la presencia real de Jesucristo en la Eucaristía y el poder redentor del sufrimiento y de que por comer la Eucaristía hay un adelanto del Cielo. Diferentes compositores le han puesto música, entre las más conocidos y bellas versiones están las de Edward Elgar y Wolfgang Amadeus Mozart.

44. Ave Verum
Edward Elgar

45. Ave Verum
Wolfgang Amadeus Mozart

AVE VERUM

Ave verum corpus, natum
ex Maria Virgine,

Vere passum, immolatum
In cruce pro homine.

Cuius latus perforatum
Unda fluxit et sanguine

Esto nobis praegustatum
mortis in examine.

O clemens,
o pie,
o dulcis Iesu filii Mariae.

Salve, verdadero Cuerpo nacido
de la Virgen María:

Que verdaderamente has
padecido, has sido inmolado
en la Cruz por el hombre.

Su costado perforado manó
agua y sangre.

Haznos gozar de tu consuelo
en el trance de la muerte.

¡Oh, dulce Jesús!
¡Oh, piadoso Jesús!
¡Oh, Jesús, hijo de María!

46. Señor, yo no soy digno
Raúl del Toro
J.M. Beobide

SEÑOR, YO NO SOY DIGNO

Oh, Señor mío yo no soy digno
de que entres en mi casa
más di una palabra tuya
y mi alma quedará sana.

El siguiente es un himno o "Secuencia" que la Iglesia católica canta o reza en la Misa de la Solemnidad de Corpus Christi u otras ceremonias dedicadas a la Eucaristía. Fue compuesta por santo Tomás de Aquino luego de componer los textos de la misa de Corpus Domini en 1264. El canto tiene muchas más estrofas. Aquí se presentan las tres primeras.

47. Lauda, Sion, Salvatorem
Santo Tomás de Aquino

LAUDA SION, SALVATOREM

Lauda, Sion, Salvatórem,
lauda ducem et pastórem
in hymnis et cánticis.

Alaba, ¡oh Sión! Alaba al Salvador,
al rey y pastor
con himnos y cánticos.

Quantum potes,
tantum aude:
quia maior omni laude,
nec laudáre sufficis.

Alaba cuanto más puedas,
y sin descanso:
porque la mayor alabanza
que se haga no será suficiente.

Laudis thema speciális,
panis vivus et vitális
hodie propónitur.

El tema principal
de nuestras alabanzas
es hoy el pan vivo
y que da vida.

48. Cerca de Ti, Señor
Lowell Mason

CERCA DE TI, SEÑOR

Cerca de Ti, Señor, yo quiero estar,
Tu grande, eterno amor, quiero gozar.
Llena mi pobre ser, limpia mi corazón;
hazme tu rostro ver, en la aflicción.

Mi pobre corazón inquieto está,
por esta vida voy buscando paz;
mas sólo Tú, Señor, la paz nos puedes dar;
cerca de Ti, Señor, yo quiero estar.

Pasos inciertos doy, el sol se va;
mas si contigo estoy no temo ya.

Himnos de gratitud, alegre cantaré,
y fiel a Ti, Señor, siempre seré.
Día feliz veré, creyendo en Ti
en que yo habitaré cerca de Ti.

Mi voz alabará tu santo nombre, allí,
y mi alma gozará cerca de Ti.

49. Anima Christi
Texto: San Ignacio de Loyola
Música: Marco Frisina

**50. Soul of my Savior
(Alma de Cristo)**
Música: John Padley

SOUL OF MY SAVIOR

Anima Christi, sanctifica me.
Corpus Christi, salva me.
Sanguis Christi, inebria me.
Aqua lateris Christi, lava me.
Passio Christi, conforta me.
O bone Jesu, exaudi me.
Intra tua vulnera absconde me.
Ne permittas me separari a te.
Ab hoste maligno defende me.
In hora mortis meae voca me.
Et iube me venire ad te,
Ut cum Sanctis tuis laudem te.
In saecula saeculorum.

Amen

Alma de Cristo, santifícame.
Cuerpo de Cristo, sálvame.
Sangre de Cristo, embriágame.
Agua del costado
de Cristo, lávame.
Pasión de Cristo, confórtame.
¡Oh, buen Jesús!, óyeme.
Dentro de tus llagas, escóndeme.
No permitas que me aparte de Ti.
Del maligno enemigo,
defiéndeme.
En la hora de mi muerte,
llámame. Y mándame ir a Ti.
Para que con tus santos te alabe.
Por los siglos de los siglos.

Amén

"Ubi caritas" es un himno usado por mucho tiempo como antífona para el lavado de los pies (recordando el gesto de Cristo) en las celebraciones del Jueves Santo. El canto gregoriano ideó la melodía y se formó su texto desde el siglo IV en adelante. Por lo general se suele cantar en la adoración eucarística y bendición con el Santísimo Sacramento y el Jueves Santo en la misa llamada "de la Cena del Señor".

Maurice Duruflé en esta versión hace el uso de la melodía de canto gregoriano, y luego hace sus propias variaciones. Le pone música sólo a la primera estrofa.

51. Ubi Caritas et Amor
Maurice Duruflé

UBI CARITAS ET AMOR

Ubi Caritas et amor, Deus ibi est.
Congregavit nos
in unum Christi amor.
Exultemus, et in ipso iucundemur.
Timeamus et amemus Deum vivum
et ex corde diligamus nos sincero.

Ubi caritas et amor, Deus ibi est.
Simul ergo cum
in unum congregamur:
ne nos mente dividamur

Donde hay caridad y amor,
allí está Dios.
El amor de Cristo nos
ha congregado y unido.
Alegrémonos y
deleitémonos en Él.
Temamos y amemos al Dios vivo.
Con sincero corazón
amémonos unos a otros.

Donde hay caridad y amor,
allí está Dios.

caveamus cessent jurgia maligna,
cessent lites,
Et in medio nostri sit Christus Deus.

Ubi Caritas et amor, Deus ibi est
Simul quoque cum beatis videamus.
Glorianter vultum tuum,
Christe Deus:
Gaudium quod est immensum,
Saecula per infinita saeculorum.

Amen

Estando congregados y unidos,
cuidémonos de estar desunidos
en espíritu.
Cesen las malignas rencillas,
cesen los disgustos.
Y Cristo nuestro Dios
reine entre nosotros.

Donde hay caridad y amor,
allí está Dios.
Ojalá junto con los
bienaventurados veamos
también tu rostro en la gloria,
¡oh Cristo, Dios nuestro!
Este será el gozo santo
e inefable por los siglos infinitos.

Amén

52. I am the Bread of Life
Suzanne Toolan

I AM THE BREAD OF LIFE

1. I am the bread of Life,
he who comes to me
shall not hunger;
He who believes in me
shall not thirst.
No one can come to me
unless the Father draw him.

And I will raise him up,
And I will raise him up,
And I will raise him up
on the last day.

2. The bread that I will give
Is my flesh for the life of the world
And if you eat of this bread
You shall live forever

And I will raise him up…
Unless you eat
Of the flesh of the Son of Man
And drink of his blood,
You shall not have life within you
You shall not have life within you.

1. Yo soy el pan de vida.
El que venga a mí
no tendrá hambre,
el que crea en mí
no tendrá sed.

Nadie viene a mí,
si mi Padre no le atrae.

Yo le resucitaré,
yo le resucitaré,
yo le resucitaré
en el día final.

2. El pan que yo daré,
es mi cuerpo vida para el mundo;
el que siempre coma de mi
carne vivirá en mí como
Yo vivo en mi Padre.

Yo le resucitaré, yo le resucitaré,
yo le resucitaré en el día final.
Yo soy esa bebida
que se prueba y no se siente sed
el que siempre beba de mi sangre,
vivirá en mí

And I will raise him up…
I am the resurrection,
I am the life
If you believe in me
Even though you die
You shall live forever.

And I will raise him up…

y tendrá la vida eterna.
Yo le resucitaré,
yo le resucitaré,
yo le resucitaré en el día final.
Si mi Señor yo creo,
que has venido al mundo
a redimirnos, que Tú eres el
Hijo de Dios y que estás aquí
alentando nuestras almas.

Yo le resucitaré,
 yo le resucitaré,
yo le resucitaré en el día final.

53. Ego sum panis vivus
Giovanni Perluigi da Palestrina

EGO SUM PANIS VIVUS

Ego sum panis vitae.	Yo soy el pan de vida.
Patres vestri manducaverunt	Vuestros padres comieron
manna in deserto, et mortui sunt.	el maná en el desierto y murieron.
Hic est panis de coelo descendens:	Este es el pan que baja del cielo,
si quis ex ipso manducaverit, non	para que quien lo coma no muera.
morietur. Ego sum panis vivus,	Yo soy el pan vivo,
qui de cælo descendi.	bajado del cielo.
Si quis manducaverit ex hoc pane,	Si uno come de este pan,
vivet in æternum:	vivirá para siempre;
et panis quem ego dabo,	y el pan que yo le voy a dar,
caro mea est pro mundi vita.	es mi carne por la vida del mundo.

54. O, Salutaris Hostia
Anthony Werner

O, SALUTARIS HOSTIA

O, salutaris Hostia,
quae coeli pandis ostium;
bella premunt hostilia.
da robur fer auxilium.

Uni trinoque Domino.
Sit sempiterna Gloria,
qui vitam sine termino,
nobis donet in patria.

¡Oh, hostia saludable!
Tú que abres las puertas del cielo,
préstanos tu fortaleza y tu auxilio
cuando los enemigos
estrechan el cerco.

Para Ti, Señor, Uno y Trino,
sea siempre la gloria eterna,
que nos conceda una vida
sin fin en la patria.

"Oh, alimento de los caminantes" es un himno eucarístico compuesto alrededor de 1657. Se desconoce el autor de estos versos. El primero expresa el deseo del alma de unirse a Cristo en la Comunión Eucarística, es decir, a su cuerpo. En la segunda estrofa se hace referencia a la sangre de Cristo.

55. O esca viatorum
Heinrich Isaac
Música: J. S. Bach

O ESCA VIATORUM

O esca viatorum	¡Oh, alimento de los caminantes,
o Panis Angelorum,	oh, pan de los ángeles,
o manna cœlitum:	oh, maná de los ciudadanos
esurientes ciba,	del cielo!,
dulcedinem non priva	nutre a los hambrientos
corda quaerentium.	sin restar dulzura
	a los corazones
	de quienes te buscan.
O lympha, fons Amoris,	
qui puro Salvatoris	¡Oh, diáfana fuente de Amor
e Corde profluis:	que manas del corazón puro
te sitientes pota	del Salvador!,
hæc sola nostra vota	da de beber a los que
his una sufficis.	tienen sed de ti,
	Tú que te bastas sola
	para colmar nuestros deseos.

56. Sacris solemnis

SACRIS SOLEMNIS

Sacris solemnis juncta sint gaudia,
Et ex praecordiis sonent praeconia;
Recedant vetera, nova sint omnia:
Corda, voces et opera.

Te, trina Deitas unaque, poscimus,
Sic nos tu visita, sicut te colimus:
Per tuas semitas duc
nos quo tendimus,
Ad lucem quam inhabitas.

Amen

Sumando nuestro gozo
al de esta fiesta
elevemos cordiales alabanzas,
y que todo lo viejo se renueve:
corazones, acciones y palabras.

Oh deidad trina y tina
te rogamos que te dignes bajar
a nuestra vida, y nos lleves por
tus derroteros hasta la misma
claridad que habitas.

Amén

La siguiente composición está inspirada en estas palabras de Jesús: "Yo soy la vid, vosotros los sarmientos; el que permanece en mí y yo en él, ése da mucho fruto, porque separados de mí nada podéis hacer. Si alguno no permanece en mí, es echado fuera como un sarmiento y se seca; y los recogen, los echan al fuego y se queman" (Juan 15, 1-8).

57. La vera Vite
Marco Frisina

LA VERA VITE

Io son la Vite, voi siete i tralci:
restate in me, porterete frutto.

Come il Padre ha amato me
così io ho amato voi,
restate nel mio amore,
perché la gioia sia piena.

Voi come tralci innestati in me
vivete tutti nell'unità:
unica in voi è la vita,
unico in voi è l'amore.

Il tralcio buono che porterà
frutti d'amore vivendo in me
il Padre mio lo poterà
perché migliore sia il frutto.

Yo soy la vid, ustedes los
sarmientos: permanezcan
en mí, y darán fruto.

Como el Padre me ha amado
así los he amado Yo,
permanezcan en mi amor
para que su alegría sea plena.

Ustedes como sarmientos
unidos a mí vivan todos
en la unidad
única en ustedes es la vida
único en ustedes es el amor.

El sarmiento bueno que llevará
fruto de amor viviendo en mí
mi Padre lo podará
para que el fruto sea mejor.

El "Avemaría" es una tradicional oración dedicada a María, la madre de Jesús. La oración tiene fundamento bíblico en el Evangelio según san Lucas, y es la oración principal del Rosario.

"Dios te salve, María (Alégrate, María)". La salutación del ángel Gabriel abre la oración del Avemaría. Es Dios mismo quien por mediación de su ángel, saluda a María. Nuestra oración se atreve a recoger el saludo a María con la mirada que Dios ha puesto sobre su humilde esclava (Cfr. Lc 1, 48) y a alegrarnos con el gozo que Dios encuentra en ella (Cfr. So 3, 17b) (*Compendio del Catecismo de la Iglesia católica*, núm. 2676).

La oración tiene dos partes. En la primera se citan dos pasajes bíblicos: la Anunciación del Nacimiento de Jesús por el arcángel Gabriel a María: "Dios te salve, María, llena eres de gracia, el Señor es contigo" o literalmente: "¡Alégrate! llena de gracia, el Señor está contigo" (Lc 1, 28). El otro pasaje bíblico es el saludo que el Espíritu Santo inspira a Isabel, cuando María va a visitarla: "¡Tú eres bendita entre todas las mujeres y bendito es el fruto de tu vientre!" (Lc 1, 42).

La segunda parte es una petición tradicional de la piedad, en la pedimos la intercesión de María como Madre de Dios: "Santa María, madre de Dios, ruega por nosotros, pecadores, ahora y en la hora de nuestra muerte. Amén".

"En la antigüedad era sumamente honroso para los hombres que se les apareciesen los ángeles y consideraban timbre de gloria haber tenido ocasión de tributarles reverencia. En elogio de Abraham se escribe que dio hospitalidad a los ángeles y les rindió homenaje. Pero que un ángel tributase reverencia a un ser humano jamás se había oído, hasta el momento en que saludó a la Santísima Virgen diciéndole respetuosamente: "Dios te salve". La razón de que antiguamente fuesen los hombres quienes reverenciaban a los ángeles y no al revés, estriba en el hecho de que los ángeles eran superiores a los hombres" (santo Tomás de Aquino, *Escritos catequéticos*).

AVEMARÍA

Ave Maria!
gratia plena,
Dominus tecum,
benedicta tu
in mulieribus,
et benedictus,
fructus ventris, tui, Jesus.
Sancta Maria Mater Dei,
ora pro nobis peccatoribus,
nunc et in hora mortis,
nostrae,

Amen

Dios te salve, María,
llena eres de gracia;
el Señor es contigo.
Bendita tú eres
entre todas las mujeres,
y bendito es el fruto
de tu vientre, Jesús.
Santa María, Madre de Dios,
ruega por nosotros, pecadores,
ahora y en la hora
de nuestra muerte.

Amén

Han sido innumerables los compositores que han dado notas al Avemaría, desde la Edad Media y el Renacimiento. Mundialmente célebre es el Avemaría de Franz Schubert. A continuación se incluyen otras versiones igualmente bellas.

58. Avemaría
Javier Busto

59. Avemaría
Giulio Caccini

60. Avemaría
Robert Parsons

61. Avemaría
Robert Prizeman

62. Avemaría
Johann Sebastian Bach

63. Avemaría
Anton Bruckner

"Ave Maris Stella" ("Salve Estrella del Mar"), con estas palabras comienza un himno latino que se canta en la Liturgia de las horas de la Iglesia católica en las fiestas marianas, concretamente en vísperas. El texto se conoce desde el siglo IX; su autor es desconocido. Es uno de los muchos himnos marianos medievales, como la Salve o el "Stabat Mater".

Con este himno, la Iglesia saluda a María, la Madre de Dios, como "estrella del mar": *Ave maris stella*. La vida humana es un camino. ¿Hacia qué meta? ¿Cómo encontramos el rumbo? La vida es como un viaje por el mar de la historia, a menudo oscuro y borrascoso, un viaje en el que escudriñamos los astros que nos indican la ruta. Las verdaderas estrellas de nuestra vida son las personas que han sabido vivir rectamente. Ellas son luces de esperanza. Jesucristo es ciertamente la luz por antonomasia, el sol que brilla sobre todas las tinieblas de la historia. Pero para llegar hasta Él necesitamos también luces cercanas, personas que dan luz reflejando la luz de Cristo, ofreciendo así orientación para nuestra travesía. Y quién mejor que María podría ser para nosotros estrella de esperanza; Ella que con su "sí" abrió la puerta de nuestro mundo a Dios mismo; Ella, que se convirtió en el Arca viviente de la Alianza, en la que Dios se hizo carne, se hizo uno de nosotros, plantó su tienda entre nosotros (Cfr. Jn 1,14) (Benedicto XVI, Enc. *Spe Salvi*, núm. 49).

64. Ave Maris Stella
Edward Grieg

AVE MARIA STELLA

Ave, Maris stella,
Dei mater alma,
Atque semper Virgo
Felix caeli porta
Sumens illud Ave
Gabrielis ore,
Funda nos in pace,
Mutans Evae nomen.
Solve vincla reis,
Profer lumen caecis,
Mala nostra pelle,
Bona cuncta posce.
Monstra te esse matrem,
Sumat per te preces
Qui pro nobis natus,
tulit esse tuus.
Virgo singularis
Inter omnes mitis,
Nos culpis solutos
Mites fac et castos.
Vitam praesta puram,
iter para tutum:
ut videntes Iesum
semper collaetemur.
Sit laus Deo Patri,
summo Christo decus,
Spiritui Sancto,
tribus honor unus.

Amen

Salve, estrella de mar,
augusta madre de Dios,
siempre virgen,
orgullosa puerta del cielo.
Recibiendo este saludo
de la boca de Gabriel,
danos la paz,
cambiando el nombre de Eva.
Libera las ataduras de los culpables,
concede la luz a los ciegos,
líbranos de nuestros males,
danos los bienes.
Muéstrate, madre nuestra,
que reciba en ti nuestras plegarias
aquel que, nacido por nosotros,
ha querido ser tuyo.
Virgen única, dulce entre todas,
haces que, liberados de nuestras
faltas, seamos siempre
dulces y castos.
Danos una vida pura,
llévanos al camino seguro,
de forma que, viendo a Jesús,
compartamos sin fin tu alegría.
Sea la alabanza Dios Padre,
honor a Cristo soberano,
al Espíritu Santo, a los tres un
solo y único honor.

Amén

"Salve, Madre, en la tierra de mis amores" fue el himno oficial del Congreso Mariano, Hispano-Americano de Sevilla de 1929, con letra del padre Restituto del Valle (1865-1930), y música del padre Eduardo Torres (1872-1934). Este canto mariano se extendió pronto a todos los pueblos de España, y destacó a mediados del siglo XX como una de las "Salves" más cantadas en los actos litúrgicos el día sábado.

**65. Salve, Madre, en la
tierra de mis amores**
Torres-Del Valle

SALVE, MADRE, TIERRA DE MIS AMORES

Salve, Madre, en la tierra de mis amores
te saludan los cantos
que alza el amor.
Reina de nuestras almas,
flor de las flores,
muestra aquí de tu gloria los resplandores,
que en el cielo tan sólo te aman mejor.
Virgen santa, Virgen pura,
vida, esperanza y dulzura
del alma que en ti confía,
Madre de Dios, Madre mía,
mientras mi vida alentare,
todo mi amor para ti,
mas si mi amor te olvidare,
Madre mía, Madre mía,
aunque mi amor te olvidare
tú no te olvides de mí.

"Regina Coeli" son las palabras latinas con que se abre este himno mariano para el Tiempo Pascual que, traducidas al castellano, significan "Reina del Cielo". Es una composición litúrgica a manera de felicitación a María por la resurrección de su Hijo Jesucristo. Esta oración sustituye el rezo del Angelus durante el tiempo pascual. De autor desconocido, aunque se atribuye al papa san Gregorio Magno (540-604). Este himno ha inspirado a muchos compositores musicales. Mozart compuso una bellísima versión con este texto.

66. Regina Coeli
Wolfgang Amadeus Mozart

REGINA COELI

Regina caeli, laetare, alleluia.
Quia quem meruisti
portare, alleluia.
Resurrexit, sicut dixit, alleluia.
Ora pro nobis Deum, alleluia.
Gaude et laetare
Virgo Maria, alleluia.
Quia surrexit
Dominus vere, alleluia.

Alégrate, reina del cielo, aleluya.
Porque el que mereciste
llevar en tu seno, aleluya.
Ha resucitado,
según predijo, aleluya.
Ruega por nosotros
a Dios, aleluya.
Gózate y alégrate,
Virgen María, aleluya.
Porque ha resucitado
verdaderamente el Señor, aleluya.

La siguiente composición es una libre traducción del siglo XI, del himno latino "Salve Regina" ("Salve, Reina"), más conocidas en países anglosajones como un canto popular.

67. Hail, Holy Queen
Hermann von Reichenau

HAIL, HOLY QUEEN

*1. Hail, holy Queen
enthroned above,
O Maria.
Hail, Queen of mercy and of love,
O Maria.*

*2. Triumph, all ye cherubim,
Sing with us, ye seraphim,
Heaven and earth resound
the hymn:
Salve, salve, salve Regina!*

*3. The cause of joy to men below,
O Maria!
The spring through which all
graces flow,
O Maria!
Angels, all your praises bring,*

1. Salve, Santa Reina en tu trono,
¡oh María!
Santa Reina de compasión
y de amor,
¡oh María!

2. Triunfen todos los querubines,
canten con nosotros los serafines,
cielo y tierra hagan resonar
el himno:
¡salve, salve, salve María!

3. La causa de la alegría en la tierra,
¡oh María!
Eres primavera por quien llegan
todas las gracias,
¡oh María!
Los ángeles cantan tu gloria,
¡oh María!

Earth and heaven, with us sing,
All creation echoing:
Salve, salve, salve Regina!

4. O gentle, loving, holy one,
O María.
The God of light became your Son,
O María.
Triumph, all ye Cherubim;
Sing with us, ye Seraphim.
Heav'n and earth resound
 the hymn:
Salve, Salve, salve, Maria.

Cielo y tierra te alaban
con fervor,
¡oh María!
Toda la creación a coro:
¡salve, salve, salve Regina!

4. Oh gentil, amorosa,
la más santa,
¡oh María!
El Dios de la luz se convirtió
en tu Hijo,
¡oh María!
Triunfen todos los querubines,
canten con nosotros los serafines,
cielo y tierra hagan resonar
el himno:
¡salve, salve, salve María!

 **68. Virgo Maria**
Anton Diabelli

VIRGO MARIA

Virgo Maria beata es,
quae Dominum portasti
creatorem mundi.
Genuisti qui te fecit,
et in aeternum
permanes virgo.
Alleluia…

Benedicta et venerabilis es,
Virgo Maria,
quae sine tactu pudoris
inventa es Mater Salvatoris.
Alleluia…

Felix es, sacra
Virgo Maria,
et omni laude dignissima:
quia ex te ortus est
Sol iustítiae, Christus Deus noster.
Alleluia.

Dichosa eres, Virgen María,
que llevaste en tu seno al
Creador del universo.
Engendraste al que te creó y
permanecerás virgen para
siempre.

Bendita y venerable eres
Virgen María,
que permaneciendo virgen
te convertiste en Madre del
Salvador,
aleluya.

Feliz eres,
Santa Virgen María
y digna de toda alabanza
porque de ti ha nacido
el Sol de Justicia
Cristo, Dios nuestro,
aleluya.

69. Immaculate Mary
Jeremiah Cummings
Brian Foley

IMMACULATE MARY

1. Immaculate Mary
Immaculate Mary,
your praises we sing;
You reign now in splendour
with Jesus our King.
Ave, Ave, Ave, Maria…

2. Predestined for Christ
by eternal decree,
God willed you both virgin
and mother to be.
Ave, Ave, Ave, Maria…

1. María, inmaculada,
cantamos tus alabanzas.
Tú reinas ahora en el esplendor
de la gloria con Jesús,
Rey nuestro.
Ave, Ave, Ave, María…

2. Predestinada por Cristo
por un decreto eterno
Fue su voluntad que fueras
virgen y madre.
Ave, Ave, Ave, María…

3. To you by an angel, the Lord
God made known. The grace of
the Spirit, the gift of the Son.
Ave, Ave, Ave, Maria…

4. Most blest of all women,
you heard and believed.
Most blest in the fruit
of your womb then conceived.
Ave, Ave, Ave, Maria…

5. The angels rejoiced when you
brought forth God's Son;
Your joy is the joy of
all ages to come.
Ave, Ave, Ave, Maria…

6. Your child is the Saviour,
all hope lies in him:
He gives us new life
and redeems us from sin.
Ave, Ave, Ave, Maria…

7. In glory for ever now
close to your Son,
All ages will praise you for all
God has done.
Ave, Ave, Ave, Maria…

3. El Señor Dios te hizo conocer
por un ángel la gracia del
Espíritu, el don de tu Hijo.
Ave, Ave, Ave, María…

4. Bendita entre todas las
mujeres, tu oíste y creíste.
Bendito el fruto de tu vientre.
Ave, Ave, Ave, María…

5. Los ángeles se alegran
cuando diste a luz
al Hijo de Dios.
Tu gozo es el de todas
las generaciones que
habrían de venir.
Ave, Ave, Ave, María…

6. Tu Hijo es el Salvador,
toda esperanza está en Él,
quien nos da una nueva vida,
y nos redime del pecado.
Ave, Ave, Ave, María…

7. Estás en la gloria
eternamente al lado
de tu Hijo.
Todas las generaciones
te alaban por todo lo que
Dios nos ha dado.
Ave, Ave, Ave, María…

Orar con **música**

¿Los ángeles cantan? Si no tienen cuerpo y, por tanto, cuerdas vocales, ¿pueden hacerlo? ¿En qué sentido se puede aplicar esto a ellos? San Lucas (2, 10-14) dice que cuando Cristo nació en Belén, un ángel les anunció la buena nueva, les dio una señal y "apareció una muchedumbre de la milicia celestial, que alababa a Dios diciendo: *Gloria a Dios en las alturas y paz en la tierra a los hombres de buena voluntad*".

No hay frase literal en la Sagrada Escritura que diga que un ángel canta, pero la Liturgia de la Misa, al final del Prefacio, antes de la Consagración, invita a todos a unirse a los coros celestiales para adorar a Dios: junto con los ángeles y los arcángeles que cantan un himno a tu gloria, diciendo sin cesar: "Santo, Santo, Santo es el Señor Dios del universo"… Y, puesto que los ángeles están viendo cara a cara a Dios en el Cielo y lo alaban y gozan de tal perfección, se puede pensar que pueden hacerlo con la música. Y una razón puede ser esta: "¿Qué es la música? […] es la resonancia del cielo en la tierra, el eco del paraíso en nuestro exilio. La música suministra voces y acompañamiento para la oración de los mortales. La música misma es oración" (José María Cabodevilla).

Algunas obras musicales, además del canto del "Gloria a Dios en el Cielo", se refieren a esto:

70. Ye Holy Angels Bright
Richard Baxter
John Darwell

YE HOLY ANGELS BRIGHT

1. Ye holy angels bright
Who wait at God's right hand,
Or through the realms of light
Fly at your Lord's command,
Assist our song, or else the theme
Too high doth seem
for mortal tongue.

2. Ye blessed souls at rest,
Who ran this earthly race
And now, from sin released,
Behold your Savior's face,
God's praises sound, as in His light
With sweet delight ye do abound.

3. Ye saints, who toil below,
Adore your heavenly King,
And onward as ye go
Some joyful anthem sing;
Take what He gives,
and praise Him still,
through good or ill,
who ever lives.

4. My soul, bear thou thy part,
Triumph in God above,
And with a well-tuned heart
Sing thou the songs of love;
Let all thy days till life shall end,
Whate'er He send, be filled with
praise.

Amen

1. Oh, santos ángeles luminosos,
que esperan a la diestra de Dios,
o por múltiples esferas de luz
vuelan al mandato de su Señor.
Auxilien nuestro canto, pues si
no, nuestros asuntos parecerán
demasiado sublimes para salir
de lengua mortal.

2. Oh, benditas almas en eterna
paz, que corrieron ya la carrera
terrena, y ahora, libres de todo
pecado, contemplan el rostro
de su Salvador.
Suena la alabanza divina,
y abrazados en su luz,
le alaban con dulce deleite.

3. Oh, santos, quienes luchan
aquí abajo, adoren a su Rey
celestial. Y, mientras avanzan
en el camino, canten algún
himno alegre. Reciban lo que
Él da y alábenle, aun en salud o
enfermedad, todos los vivientes.

4. Alma mía, lleva tú tu parte,
triunfa en Dios, en lo alto,
Y con un corazón bien afinado,
canta los cantos de amor.
Que todos los días que te
quedan, sin importar lo que Él
mande, rebosen de alabanza.

Amén

71. Denn Er hat seinen Engeln befohlen über dir
Félix Mendelssohn

DENN ER HAT SEINEN ENGELN BEFOHLEN ÜBER DIR

*Denn Er hat seinen
Engeln befohlen über dir,
daß sie dich behüten
auf allen deinen Wegen,
daß sie dich auf den
Händen tragen
und du deinen Fuß nicht
an einen Stein stoßest.*

Porque ha enviado a sus ángeles
delante de ti
para que te guarden
en todos tus caminos;
te llevará en sus manos
para que tu pie no tropiece
en la piedra.

Santo, Santo, Santo es el Señor, Dios del universo… Las primeras palabras están tomadas del profeta Isaías (6, 2-3), cuando describe una visión celestial: "Unos serafines se mantenían erguidos por encima de él; cada uno tenía seis alas: con un par se cubrían la faz, con otro par se cubrían los pies, y con el otro par aleteaban, y se gritaban el uno al otro: 'Santo, santo, santo, Yahveh Sebaot: llena está toda la tierra de su gloria'".

Al cantar el "Sanctus" antes de la Consagración en la Santa Misa, estamos dando gracias a Dios por sus maravillas – la Creación, la Redención, la Santificación– y la Iglesia entera, en todo el mundo, como un inmenso coro, rezando y cantando así, se expresa a sí misma. Y nosotros, en lo personal, damos gloria a Dios. También con el canto de este "Sanctus" resuena perpetuamente en la Jerusalén celestial: "Cada uno de los cuatro seres vivos tiene seis alas y están llenas de ojos por fuera y por dentro, y, sin descanso, día y noche dicen: santo, santo, santo es el Señor, el Dios Todopoderoso, el que era, el que es, el que ha de venir" (Apocalipsis 4, 8). El "Sanctus" concluye con esta frase: "Bendito el que viene en nombre del Señor. Hosanna en el cielo", como le gritaba la muchedumbre a Jesús cuando entró el Domingo de Ramos a Jerusalén.

72. Sanctus
Música del Canon de Pachelbel

SANCTUS

Sanctus, Sanctus, Sanctus,
Dominus Deus Sabaoth.

Santo, Santo, Santo
es el Señor, Dios del universo.

Pleni sunt coeli et terra gloria tua.
Hossanna in excelsis.

Llenos están el cielo
y la tierra de tu gloria.
Hosanna en el cielo.

Benedictus qui venit
in nomine Dómini.
Hosanna in excelsis.

Bendito el que viene
en nombre del Señor.
Hosanna en el cielo.

 **73. Cantemos tu gloria**
Johann Sebastian Bach

CANTEMOS TU GLORIA

Gloria sei dir gesungen
Mit Menschen-
und englischen Zungen,
Mit Harfen und mit
Zimbeln schon.

Von zwölf Perlen sind die Pforten,
An deiner Stadt; wir sind Konsorten
Der Engel hoch um deinen Thron.

Kein Aug hat je gespürt,
Kein Ohr hat je gehört
Solche Freude.
Des sind wir froh,
Io, io!
Ewig in dulce jubilo.

Cantemos tu Gloria
con lenguas mortales
y angélicas,
con arpas e incluso
con címbalos.

De doce perlas
están hechas las puertas,
en tu ciudad acompañaremos
a los ángeles, arriba,
junto a tu trono.

Ningún ojo ha visto nunca,
ningún oído ha escuchado
jamás tanta alegría
cómo gozamos,
oh, oh,
eternamente en dulce júbilo

Orar con música

Tiempo de Navidad. Días para cantar con júbilo el nacimiento del Redentor. Villancicos y cantos litúrgicos lo invaden todo para decir con música la alegre buena nueva que un ángel da en Belén a los pastores y, con ellos, al mundo entero que espera con ansias la salvación que nos trae el Mesías.

"Que en esta noche (de Navidad) compartamos la alegría del Evangelio: Dios nos ama, nos ama tanto que nos ha dado a su Hijo como nuestro hermano, como luz para nuestras tinieblas. El Señor nos dice una vez más: 'No teman' (Lc 2,10). Como dijeron los ángeles a los pastores: 'No teman'. Y también yo les repito a todos: 'No teman'. Nuestro Padre tiene paciencia con nosotros, nos ama, nos da a Jesús como guía en el camino a la tierra prometida. Él es la luz que disipa las tinieblas. Él es la misericordia. Nuestro Padre nos perdona siempre. Y Él es nuestra paz" (papa Francisco, 24-XII-13)

 **74. O Magnum Mysterium**
Morten Lauridsen

O MAGNUM MYSTERIUM

O magnum mysterium,
et admirabile sacramentum,
ut animalia viderent Dominum
natum, jacentem in praesepio!

Beata Virgo, cuius viscera
meruerunt portare
Dominum Christum.

Alleluia

¡Oh gran misterio,
y maravilloso sacramento,
que los animales vieran al Señor,
recién nacido,
recostado en un pesebre!

Bienaventurada la Virgen,
cuyo vientre fue digno
de llevar a Cristo el Señor.

Aleluya

Esta obra, "Nun seid ihr wohl gerochen", es uno de los más grandes monumentos musicales en honor de la Natividad de Jesús. La emoción que recorre toda la partitura lleva a la devoción y a un profundo agradecimiento a Dios por haberse hecho hombre. Este es el gran Bach, en su aspecto más gozoso, una incontenible alegría. Vas a oír aquí el último movimiento de esta gran obra, la conclusión final y feliz de lo que el Nacimiento de Jesús ha traído al mundo. Al oír esto imagina que estás delante del pesebre de Belén, donde Jesús acaba de nacer. Atrás de ti, cantan ángeles y tocan trompetas. Es una explosión musical y tú estás en medio de ella.

75. Nun seid ihr wohl gerochen Christmas Oratorio
Johann Sebastian Bach

NUN SEID IHR WOHL GEROCHEN

Nun seid ihr wohl gerochen
An eurer Feinde Schar,
Denn Christus hat zerbrochen,
Was euch zuwider war.
Tod, Teufel, Sünd und Hölle
Sind ganz und gar geschwächt;
Bei Gott hat seine Stelle
Das menschliche Geschlecht.

Hemos sido redimidos
pues Cristo ha destruido
toda la maldad
de nuestros enemigos.
Muerte, demonio, pecado
e infierno, no tiene ya
nada que hacer,
pues el hombre
está junto a Dios.

La siguiente interpretación es de un estilo de armoniosa cadencia, que mueve a la admiración y a una serena alegría; se evoca aquí el misterio del nacimiento del Hijo de Dios, hecho hombre. Parece oírse al mismo ángel que canta en la noche de Navidad. Una invitación a contemplar al Niño en las primeras horas de su vida en la tierra, con la que traerá la redención al género humano.

76. Púeri Concinite
Johann Von Herbeck

PÚERI CONCINITE

Pueri concinite
nato regi psallite.
Voce pia dicite:
apparuit quem genuit Maria.

Niños canten, nació el Rey,
¡suenen arpas!
Con voz fervorosa proclamen:
"¡Apareció el que ha nacido
de María!"

Sunt implenta quae
praedixit Gabriel.
Eia, Eia
virgo Deum genuit
quem divina voluit clementia.

Se han cumplido todas las cosas
que predijo Gabriel.
Ea, pues, ¡alegrémonos!
La Virgen engendró a Dios
como lo quiso su divina clemencia.

Hodie apparuit
apparuit in Israel.
Ex Maria virgine
natus est Rex!
natus est Rex!

Hoy apareció, apareció,
en Israel.
¡De la Virgen María
ha nacido el Rey!,
¡ha nacido el Rey!

"In dulci Jubilo" ("En dulce regocijo") es una tradicional canción de Navidad. En su configuración original, el villancico es un curioso texto en alemán y latín que data de la Edad Media. Se cree que el místico alemán, Heinrich Suso, compuso el texto alrededor de 1328. Traducciones posteriores en inglés han aumentado su popularidad. En cuanto a la música, han sido muchos los compositores que han utilizado el texto para sus propias composiciones. También a esto colaboró la versión de J. S. Bach (BWV 729), que es un tradicional epílogo para las misas de media noche de Navidad. Una joya.

77. In dulci iubilo
Johann Sebastian Bach

IN DULCI IUBILO

In dulci jubilo,	En dulce regocijo
nun singet und seid froh!	cantamos con radiante corazón
Alle unsre Wonne	nuestro deleite y placer
liegt in praesepio	se equivoca
sie leuchtet wie die Sonne	al contemplar el pesebre.
matris in gremio	Nuestro tesoro es como luz del sol
Alpha es et O,	en las rodillas de la madre.
Alpha es et O!	Tú eres Alfa y Omega
	(principio y fin).

En "El Mesías", Handel, hace un recorrido por los textos del Antiguo y Nuevo Testamento que hablan del Redentor que vendrá o que ha venido ya. En este breve fragmento pone música, que derrocha alegría y regocijo, a la gran noticia del Niño que nacerá, y señala otros nombres como será conocido, según lo anunciaba el profeta Isaías (Cap. 8, 6-7) ocho siglos antes: Maravilloso, Consejero, Dios Poderoso, Padre eterno y Príncipe de la Paz.

**78. For unto us
a child is born**
*George F. Handel-El Mesías
(Cfr. Isaías 9, 6)*

FOR UNTO US A CHILD IS BORN

*For unto us a Child is born,
unto us a Son is given,
and the government
shall be upon His shoulder;
and his name shall be called:
Wonderful, Counsellor, the Mighty
God, the Everlasting Father, the
Prince of Peace.*

Un niño nos ha nacido,
se nos ha dado un Hijo,
y el gobierno
estará sobre sus hombros,
y con su nombre será llamado
"Maravilloso", "Consejero", "Dios
Poderoso", "Padre eterno",
"Príncipe de la Paz".

79. Tu scendi dalle stelle
San Alfonso Ma. de Ligorio

TU SCENDI DALLE STELLE

1. Tu scendi dalle stelle,
o Re del cielo,
e vieni in una grotta
al freddo e al gelo.
O Bambino mio divino!,
io ti vedo qui a tremar;
o Dio beato!
Ah, quanto ti costò
l'avermi amato!

1. Tú has bajado de las estrellas,
¡oh Rey del cielo!,
y vienes en una gruta
al frío y al hielo.
¡Oh niñito mío divino!
Yo te veo aquí temblar,
¡oh Dios santo!
¡Ah!, ¡cuánto te costó
el haberme amado!

2. A te, che sei del mondo
il Creatore, mancano panni
e fuoco,
o mio Signore!

2. A ti que eres el Creador
del mundo, le faltan vestidos
y fuego,
¡oh mi Señor!

3. Caro eletto pargoletto,
quanto questa povertà
più m'innamora, giacché ti
fece amor povero ancora.
Tu scendi dalle stelle.

3. Querido elegido, niñito,
cuánto esta pobreza me
enamora más de ti, luego que
el amor te hizo aún más pobre.
Tú has bajado de las estrellas.

80. Infant Holy
Canto popular

INFANT HOLY

Infant holy,
Infant lowly,
For His bed a cattle stall;
Oxen lowing,
Little knowing
Christ the Babe is Lord of all.

Swift are winging
Angels singing,
Noels ringing,
Tidings bringing,
Christ the Babe is Lord of all.

Flocks were sleeping,
Shepherds keeping
Vigil till the morning new;
Saw the glory,
Heard the story,
Tidings of a Gospel true.

Thus rejoicing,
Free from sorrow,
Praises voicing,
Greet the morrow,
Christ the Babe was born for you!

Niño santo, niño humilde,
en pesebre duerme en paz.
Animales atienden
al Bebé que trae la luz.

Vienen ángeles volando,
proclamando, anunciando:
¡el Bebé es Cristo el Rey!

Los rebaños en el campo,
los pastores vigilando,
vean la gloria de la historia
que les mandó el Señor.

Vuelvan ya regocijándose,
en el alba proclamando,
¡el Bebé es Salvador!

"Puer natus in Bethlehem", es un himno medieval de Navidad. El texto del siglo XIII se asocia tradicionalmente con una canción del mismo nombre del siglo XVI. Tiene 11 estrofas. Aquí se oye sólo la primera. Otra joya.

81. Puer natus in Bethlehem
Johann Sebastian Bach

PUER NATUS IN BETHLEHEM

Puer natus est in Bethlehem
unde gaudet Hierusalem.
Alleluja, Alleluja.

Un niño ha nacido en Belén
Y se alegra toda Jerusalén,
aleluya, aleluya.

"Adeste fideles" ("Vengan fieles", "Vayamos cristianos" o "Vengan, adoremos") es un himno usado en Europa, durante la Navidad desde fines del siglo XVIII. El texto ha sido atribuido a varios autores, pero no hay certeza sobre el mismo. Invita a los fieles a acudir a Belén a adorar al Salvador recién nacido. Canta Andrea Boccelli.

82. Adeste Fideles 

ADESTE FIDELES

Adeste fideles laeti triumphantes
Venite, venite in Bethlehem.
Natum videte Regem Angelorum.

Acudid, fieles, alegres, triunfantes
venid, venid a Belén,
ved al nacido Rey de los ángeles.

Venite adoremus, venite adoremus
Venite adoremus Dominum.

Venid adoremos, venid adoremos,
venid adoremos al Señor.

En grege relicto, humiles ad cunas,
vocatis pastores approperant.
Et nos ovanti gradu festinemus.
Venite adoremus, venite adoremus
Venite adoremus Dominum.

He aquí que, dejado el rebaño,
los pastores llamados se acercan
a la humilde cuna y nosotros
nos apresuramos
con paso alegre.

Aeterni Parentis splendorem
aeternum,

Venid adoremos, venid adoremos,
venid adoremos al Señor.

Velatum sub carne videbimus
Delum Infantem,
pannis involutum.

Venite adoremus, venite adoremus
Venite adoremus Dominum.

Pro nobis egenum
et foeno cubamtem,
Piis foveamus amplexibus:
Sic nos amantem quis
nos redamaret?

Venite adoremus,
venite adoremus
Venite adoremus Dominum.

El esplendor eterno del Padre
Eterno lo veremos oculto bajo
la carne. Al Dios Niño envuelto
en pañales.

Venid adoremos, venid adoremos,
venid adoremos al Señor.

Por nosotros pobre y acostado
en la paja démosle
calor con nuestros
cariñosos abrazos.
A quien así nos ama,
¿quién no le amará?

Venid adoremos, venid adoremos,
venid adoremos al Señor.

Orar con **música**

La Cuaresma (40 días) es el tiempo litúrgico de conversión, que marca la Iglesia para prepararnos a la gran fiesta de la Pascua. Oportunidad para arrepentirnos de nuestros pecados y poder vivir más cerca de Cristo. En la Cuaresma, Cristo nos invita a cambiar de vida, escuchando la Palabra de Dios, orando, compartiendo con el prójimo y haciendo obras de misericordia. Por ello, la Cuaresma es el tiempo del perdón y de la reconciliación fraterna.

Tiempo no tanto para hacer sacrificios como si fuera un fin en sí mismo, sino para cambiar el corazón. Tener un corazón misericordioso no significa tener un corazón débil. Quien desea ser misericordioso necesita un corazón fuerte, firme, cerrado al tentador, pero abierto a Dios. Un corazón que se deje impregnar por el Espíritu y guiar por los caminos del amor que nos llevan a los hermanos y hermanas. En definitiva, un corazón pobre, que conoce sus propias pobrezas y lo da todo por el otro. "Por esto, queridos hermanos y hermanas, deseo orar con ustedes a Cristo en esta Cuaresma 'Fac cor nostrum secundum Cor tuum' ('Haz nuestro corazón semejante al tuyo', *Súplica de las Letanías al Sagrado Corazón de Jesús*). De ese modo tendremos un corazón fuerte y misericordioso, vigilante y generoso, que no se deje encerrar en sí mismo y no caiga en el vértigo de la globalización de la indiferencia" (papa Francisco, Mensaje para la Cuaresma, 2015).

Dios mío, ten misericordia de mí
Salmo 50

Se conoce como "Miserere" (expresión latina que se traduce como "Apiádate" o "Ten piedad") al Salmo 50 de la Biblia. Se reza en la Liturgia de las Horas, en las Laudes de todos los viernes. Juan Pablo II lo definió como "el más intenso y repetido salmo penitencial; el canto del pecado y del perdón, la más profunda meditación sobre la culpa y sobre la gracia".

Es el más conocido de los salmos penitenciales (los demás son el 6, 32, 38, 102, 130 y 143) y tiene la forma de una súplica de perdón hecha por alguien que muestra claridad en el conocimiento de sus culpas y está afligido por ellas. El título del texto indica que su autor sería David, quien habría escrito este salmo tras caer en la cuenta de su pecado con la mujer de Urías y la reconvención del profeta Natán (2 Samuel, 11-12).

Es una obra creada por Gregorio Allegri (1582-1652) durante el mandato del papa Urbano VIII. Se compuso para ser cantada en la capilla Sixtina durante los maitines el miércoles y viernes de la Semana Santa. En un principio se impuso una prohibición de ejecutar la obra fuera de la capilla Sixtina, incluso se amenazaba con la excomunión a quien la copiara, a pesar de lo cual se hicieron algunas copias. En 1770, Wolfgang Amadeus Mozart, con tan sólo 14 años, tras escuchar la obra una vez en Roma, la transcribió al papel de memoria, para luego hacerle correcciones menores en una segunda ocasión. Este hecho es ampliamente recordado como muestra del genio de Mozart.

83. Miserere
Gregorio Allegri

MISERERE

Miserere mei, Deus: secundum magnam misericordiam tuam. Et secundum multitudinem miserationum tuarum, dele iniquitatem meam.

Ten misericordia, Dios mío, por tu bondad, por tu inmensa compasión, borra mi culpa; lava del todo mi delito, limpia mi pecado.

Amplius lava me ab iniquitate mea: et a peccato meo munda me.

Pues yo reconozco mi culpa, tengo siempre presente mi pecado:

*Quoniam iniquitatem meam ego
cognosco: et peccatum meum
contra me est semper.*

*Tibi soli peccavi, et malum coram
te feci: ut justificeris in sermonibus
tuis, et vincas cum judicaris.*

*Ecce enim in iniquitatibus
conceptus sum: et in peccatis
concepit me mater mea.
Ecce enim veritatem dilexisti:
incerta et occulta sapientiae
tuae manifestasti mihi.*

*Asperges me hysopo,
et mundabor: lavabis me,
et super nivem dealbabor.
Auditui meo dabis gaudium
et laetitiam:
et exsultabunt ossa humiliata.*

*Averte faciem tuam
a peccatis meis:
et omnes iniquitates meas dele.
Cor mundum crea in me, Deus:
et spiritum rectum innova
in visceribus meis.*

*Ne proicias me a facie tua:
et spiritum sanctum tuum
ne auferas a me.
Redde mihi laetitiam salutaris tui:
et spiritu principali confirma me.*

*Docebo iniquos vias tuas: et impii
ad te convertentur.
Libera me de sanguinibus,
Deus, Deus salutis meae:*

contra ti, contra ti sólo pequé,
cometí la maldad que aborreces.

En la sentencia tendrás razón,
en el juicio resultarás inocente.
Mira, en la culpa nací, pecador
me concibió mi madre.

Te gusta un corazón sincero,
y en mi interior me inculcas
sabiduría.
Rocíame con el hisopo: quedaré
limpio; lávame: quedaré más
blanco que la nieve.

Hazme oír el gozo y la alegría,
que se alegren los huesos
quebrantados.
Aparta de mi pecado tu vista,
borra en mí toda culpa.

Oh Dios, crea en mí un corazón
puro, renuévame por dentro
con espíritu firme;
no me arrojes lejos de tu rostro,
no me quites tu santo espíritu.

Devuélveme la alegría de
tu salvación, afiánzame con
espíritu generoso: enseñaré a
los malvados tus caminos, los
pecadores volverán a ti.

Líbrame de la sangre, oh Dios,
Dios, Salvador mío y cantará mi
lengua tu justicia.
Señor, me abrirás los labios,
y mi boca proclamará tu
alabanza.

*et exsultabit lingua mea
justitiam tuam.*

*Domine, labia mea aperies:
et os meum annuntiabit
laudem tuam.
Quoniam si voluisses sacrificium,
dedissem utique: holocaustis
non delectaberis.*

*Sacrificium Deo spiritus
contribulatus: cor contritum,
et humiliatum, Deus,
non despicies.*

*Benigne fac, Domine,
in bona voluntate tua Sion:
ut aedificentur muri Ierusalem.
Tunc acceptabis sacrificium
justitiae, oblationes, et holocausta:
tunc imponent super altare
tuum vitulos.*

Los sacrificios no te satisfacen: si
te ofreciera un holocausto,
no lo querrías.

Mi sacrificio es un espíritu
quebrantado; un corazón
quebrantado y humillado,
tú no lo desprecias.

Señor, por tu bondad, favorece
a Sión, reconstruye las murallas
de Jerusalén:
entonces aceptarás los
sacrificios rituales,
ofrendas y holocaustos,
sobre tu altar
se inmolarán novillos.

Señor, ten piedad de nosotros

Kyrie es el caso vocativo del sustantivo griego y significa "¡Oh Señor!". *Eleison*, en griego es imperativo y significa "compadecerse". Transliterado al latín, es el nombre común de una importante oración de la Liturgia cristiana, también denominada *Kyrie eleison* ("Señor, ten piedad"). Llama la atención que en la misa en latín se haya conservado esta expresión en griego y no se haya traducido: la razón es que la misa se celebró en lengua griega hasta el siglo IV, y esta expresión había arraigado tanto en la liturgia y en la música que la acompañaba, que se mantuvo de forma inveterada.

Un autor, Flavio Arriano, la cita en el siglo II: "Invocando a Dios decimos *Kyrie eleison*". Es uno de los cantos gregorianos más antiguos. Forma parte del ordinario o común de la misa, al inicio para pedir perdón a Dios, antes de celebrar los sagrados misterios.

Kyrie, eleison Señor, ten piedad de nosotros

Christe, eleison Cristo, ten piedad de nosotros

Kyrie, eleison Señor, ten piedad de nosotros

Al comenzar la Santa Misa, el *Confiteor* ("Yo confieso, ante Dios Todopoderoso…) "nos pone por delante nuestra indignidad; no el recuerdo abstracto de la culpa, sino la presencia, tan concreta, de nuestros pecados y de nuestras faltas. Por eso repetimos: *Kyrie eleison, Christe eleison*, Señor, ten piedad de nosotros; Cristo, ten piedad de nosotros. Si el perdón que necesitamos estuviera en relación con nuestros méritos, en este momento brotaría en el alma una tristeza amarga. Pero, por bondad divina, el perdón nos viene de la misericordia de Dios" (san Josemaría Escrivá, *Es Cristo que pasa*, núm. 87). Y es el momento de renovar nuestros deseos de ser mejores y constatar de nuevo la alegría del perdón de Dios.

Aquí podrás oír tres versiones magníficas. Especialmente, Mozart saca de su mejor inspiración lo que su propio corazón podría sentir al contemplarse a sí mismo.

84. Kyrie
Messe base ("Misa breve")
Gabriel Fauré

85. Kyrie
Misa en Sí mayor
Antonin Dvorak

86. Kyrie
Gran misa en Do menor
Wolfgang Amadeus Mozart

Dentro de esa inmensa obra de Bach, que es *La pasión según san Mateo*, figura esta aria, una de las más conocidas y expresivas. Bach da música al momento, cuando, ya una vez advertido por Jesús de que Pedro lo negaría tres veces, el apóstol contesta a quien le descubre como su discípulo: "Entonces se puso a maldecir y a jurar: '¡No conozco a ese hombre!' Y al instante cantó el gallo". Entonces se acordó de las palabras que Jesús le había dicho: "Pedro, antes de que cante el gallo, me negarás tres veces". Y, saliendo, lloró amargamente así:

**87. Erbarme dich
Pasión según san Mateo**
Johann Sebastian Bach

ERBARME DICH

Erbarme dich, mein Gott,
Um meiner Zähren willen;
Schaue hier,
Herz und Auge Weint vor dir
bitterlich.
Erbarme dich!

Ten piedad de mí, Dios mío,
advierte mi llanto.
Mira mi corazón
y mis ojos que lloran
amargamente ante Ti.
¡Ten piedad de mí!

88. Drop, drop, slow tears
Orlando Gibbons Fletcher

DROP, DROP, SLOW TEARS

Drop, drop, slow tears,
and bathe those beauteous feet,
which brought from Heav'n
snews and Prince of Peace.

Cease not, wet tears,
his mercies to entreat;
to cry for vengeance:
sin doth never cease.

In your deep floods
drown all my faults and fears;
nor let His eye see
sin, but through my tears.

Caigan, caigan lágrimas lentamente,
Y bañen esos hermosos pies
que trajeron del cielo
la Buena Nueva y
al Príncipe de la Paz.

No cesen, lágrimas abundantes,
de rogar sus misericordias,
de suplicar su clemencia,
puesto que el pecar nunca cesa.

Que tus llantos copiosos
ahoguen todas mis faltas
y temores.
Que no dejen que sus ojos vean
el pecado, sino mis lágrimas.

Orar con **música**

Tiempo muy propicio para el silencio y la meditación es la Semana Santa. Jesucristo vive los últimos días de su vida que culminan en su crucifixión, muerte dolorosísima, pero no es sólo eso. "Es el amor lo que ha llevado a Jesús al Calvario" (san Josemaría, *Via Crucis*, XI). Los cristianos han contemplado por siglos al crucificado y han entendido que allí está la prueba más grande del amor de Dios por la humanidad. El Señor, con sus horas en la cruz, nos ha dejado todo un programa de vida: para amar, comprender la maldad del pecado, perdonar, entender el sentido del dolor y de la muerte. Desde entonces, la cruz no es lugar de suplicio, sino de triunfo sobre el pecado, la muerte y todo lo que quita la alegría y la paz al hombre. Así se expresa esta verdad en el Credo:

Crucifixus étiam pro nobis:
sub Póntio Piláto
passus et sepúltus est.

Y por nuestra causa
fue crucificado en tiempos
de Poncio Pilato,
padeció y fue sepultado.

89. Crucifixus
Antonio Lotti

90. Crucifixus
Misa en Si menor
Johann Sebastian Bach

HAUPT VOLL BLUT UND WUNDEN

O Haupt voll Blut und Wunden,
Voll Schmerz und voller Hohn;
O Haupt, zu Spott gebunden
Mit einer Dornenkron'!
O Haupt, sonst schön gezieret,
Mit höchster Ehr' und Zier,
Jetzt aber hoch schimpfieret:
Gegrüßet seist du mir!
Du edles Angesichte,
Vor dem sonst schrickt und scheut
Das große Weltgerichte,
Wie bist du so bespeit!
Wie bist du so erbleichet,
Wer hat dein Augenlicht,
Dem sonst kein Licht nicht gleichet,
So schändlich zugericht't?

¡Oh, cabeza lacerada y herida,
llena de dolor y escarnio!
¡Oh, cabeza rodeada, para burla,
de una corona de espinas!
¡Oh, cabeza otrora adornada
con elevados honores y agasajos,
y ahora grandemente ultrajada!:
¡yo te saludo!
Tú, noble rostro,
ante el que tiembla y teme
todo el mundo,
¡de qué forma se escupe sobre
Ti!,
¡cuán lívido te ves!,
¿quién se ha ensañado
de forma tan infame
con la luz sin par de tus ojos?

"Estaba la Madre" ("Stabat Mater") es himno del canto gregoriano atribuido al papa Inocencio III. Se le data en el siglo XIII. Comienza con las palabras Stabat Mater dolorosa ("estaba la Madre sufriendo"). La plegaria medita en el sufrimiento de María, la madre de Jesús, durante la crucifixión de su hijo. Aquí se muestra sólo un fragmento, traducido por Lope de Vega. Muchos compositores han compuesto música a este himno, como Palestrina o Dvórak. Aquí lo canta Luciano Pavarotti.

92. Cujus Animam
Stabat Mater
Gioachino Rossini

CUJUS ANIMAM

Cujus animam gementem,
contristatam et dolentem
pertransivit gladius.

Cuya alma, triste y llorosa,
traspasada y dolorosa,
fiero y atravesado cuchillo tenía.

O quam tristis et afflicta
fuit illa benedicta
fuit illa benedicta
Mater, Mater unigeniti!

¡Oh, cuán triste y cuán aflicta
se vio la Madre bendita,
de tantos tormentos llena!

Quae moerebat et dolebat,
et tremebat, cum videbat
nati poenas inclyti.

Cuando triste contemplaba
y dolorosa miraba
del Hijo amado la pena.

Cada año, en la celebración litúrgica del Viernes Santo, se lee entera la Pasión del Señor, según san Juan. Más adelante se muestra una imagen de Cristo crucificado para la veneración de los fieles. Durante ese momento, de silencio y oración, se canta este sencillo y piadoso himno. El origen de este texto se remonta a san Francisco de Asís (1181-1226), por su experiencia vivida en la capilla de San Damián, que le marcó para el resto de su vida. El crucifijo le impresionó de tal modo que, en lo sucesivo, cultivó una especial devoción a la cruz. Y compuso este texto que dejó en su testamento.

93. Adoramus te Christe
Théodore Dubois

ADORAMUS TE CHRISTE

Adoramus te, Christe,
et benedicimus tibi,
quia per sanctam crucem tuam
redemisti mundum.
Adoramus te, Christe,

Te adoramos, oh, Cristo
y te bendecimos,
porque, por tu Santa Cruz,
redimiste al mundo.
Te adoramos, oh, Cristo.

Una vez que a Cristo le han puesto encima de su cruz, la inscripción con el texto: "Jesús Nazareno Rey de los Judíos" (Iesus Nazarenus Rex Iudeorum), conocido como I.N.R.I., viene este canto de quien contempla al Redentor del mundo sufriendo la tremenda Pasión para salvar al mundo

94. En lo más profundo de mi corazón
Pasión según san Juan
Johann Sebastian Bach

EN LO MAS PROFUNDO DE MI CORAZON

In meines Herzens Grunde
dein Nam und Kreuz allein
funkelt all Zeit und Stunde,
drauf kann ich fröhlich sein.
Erschein mir in dem Bilde
Zu Trost in meiner Not,
Wie du, Herr Christ,
so milde Dich hast geblut' zu Tod!

En lo más profundo de mi
corazón sólo tu nombre
y tu cruz
resplandecen para siempre
y son causa de mi alegría.
Aparécete ante mí
para consolar la pena de ver,
Cristo, mi Señor,
tu paciencia en la agonía.

Orar con **música**

"El tiempo pascual es tiempo de alegría, de una alegría que no se limita a esa época del año litúrgico, sino que se asienta en todo momento en el corazón del cristiano. Porque Cristo vive: Cristo no es una figura que pasó, que existió en un tiempo y que se fue, dejándonos un recuerdo y un ejemplo maravillosos. No: Cristo vive. Jesús es el Emmanuel: Dios con nosotros. Su Resurrección nos revela que Dios no abandona a los suyos. […] Y ha cumplido su promesa. Dios sigue teniendo sus delicias entre los hijos de los hombres" (san Josemaría Escrivá, *Es Cristo que pasa*, núm. 101).

Si la Pascua es alegría incontenible, entonces el Credo canta esta verdad con todas sus fuerzas. Y los músicos lo expresan con sus mejores recursos, tanto al gritar que Cristo ha resucitado, como haciendo del *Alleluia* una palabra que tanta inspiración poética y musical ha despertado, por siglos, en los artistas.

95. Et resurrexit
Misa en Si menor
Johann Sebastian Bach

ET RESURREXIT

Et resurréxit tértia die,
secúndum scripturas.
Et ascéndit in caelum:
sedet ad déxtram Patris.

Resucitó al tercer día,
según las Escrituras,
y subió al cielo, y está sentado
a la derecha del Padre.

Alleluia

En la misa, antes de la lectura del Evangelio, se reza o se canta *Alleluia*, palabra relacionada con el júbilo y la exultación. Grito entusiasta a la Palabra del Señor que va a ser escuchada como culminación de las anteriores lecturas; expresión del ánimo de los fieles que se ponen de pie y reciben y saludan al Señor, que está muy próximo a hablarles.

Alleluia es una aclamación con un mensaje: ¡*Hallelu Ya*! Se forma del imperativo del verbo hebreo *Hallel* (alabar) y el Nombre de Dios, *Yahwéh*, pero abreviado. Entonces, Hallelu-Ya equivale a decir, ¡Alabad a Yahwéh!, es decir, ¡Alabad al Señor!

Es verdad, como ha escrito san Agustín (± 430), que cantar es propio de los que aman (*cantare amantis est*): el que intenta cantar manifiesta su amor de manera expresiva. Desde la Vigilia de Pascua de Resurrección hasta el final de este tiempo litúrgico, el *Alleluia* llega a convertirse en un grito, en una aclamación sagrada, típica de la fe cristiana. ¡Cristo ha resucitado, alegrémonos: *Alleluia!*

**96. Alleluia-Io
son il Pane vivo**
Marco Frisina

ALLELUIA- IO SON IL PANE VIVO

Alleluia, Alleluia, Alleluia.	Aleluya, aleluya, aleluya.
Io sono il Pane vivo	Yo soy el Pan vivo
disceso dal cielo;	que ha bajado del cielo.

chi mangia questo pane vivrà
in eterno.
Alleluia, Alleluia, Alleluia.
Chi mangia la mia carne e beve
il mio sangue dimora in me ed io
dimoro in lui.
Alleluia, Alleluia, Alleluia.

El que come de este pan vivirá
para siempre.
Aleluya, aleluya, aleluya.
El que come mi carne
y bebe mi sangre
permanece en mí y yo en él.
Aleluya, aleluya, aleluya.

El papa Sixto V (1585-1590) hizo grabar estas palabras en la base del obelisco que está en el centro de la Plaza de San Pedro, en Roma. Así se muestra que la Iglesia no es algo de una época sino de todos los tiempos: Cristo resucitado vive, y está en la Eucaristía, en los demás Sacramentos, en su Palabra y en su acción constante en el mundo.

97. Christus vincit 

CHRISTUS VINCIT

Christus vincit;
Christus regnat;
Christus Imperat.

Cristo vence;
Cristo reina;
Cristo impera.

98. Alleluia
Randall Thompson

El autor de esta obra tiene la habilidad de hacer un polifónico de tal calidad que no necesita instrumentos musicales. Aquí se muestra cómo la voz humana es el mejor instrumento del mundo. Y la gran virtud de esta obra es el modo ascendente de las notas, que logran elevarnos, lentamente, pronunciando únicamente una palabra (*Alleluia*), y acabando con un amén muy lento, extraordinario.

99. Ye watchers and ye holy ones
Athelstan Riley

YE WATCHERS AND YE HOLY ONES

1. Ye watchers and ye holy ones,
bright seraphs, cherubim,
and thrones, raise t
he glad strain, Alleluia!

1. Ustedes observadores
y santos, brillantes serafines,
querubines, y tronos, planten
la amable cepa, ¡aleluya!

Cry out, dominions,
princedoms, powers,
virtues, archangels, angels' choirs:
Alleluia! Alleluia! Alleluia!
Alleluia! Alleluia!

2. O higher than the cherubim,
more glorious than the seraphim,
lead their praises, Alleluia!
Thou bearer of th' eternal Word,
most gracious, magnify the Lord:
Alleluia! Alleluia! Alleluia!
Alleluia! Alleluia!

3. Respond, ye souls in endless rest,
ye patriarchs and prophets blest,
Alleluia! Alleluia!
Ye holy twelve, ye martyrs strong,
all saints triumphant,
raise the song:
Alleluia! Alleluia! Alleluia!
Alleluia! Alleluia!

Clamen, dominios, principados,
potestades, virtudes, arcángeles,
los coros de los ángeles:
¡Aleluya! ¡Aleluya! ¡Aleluya!
¡Aleluya! ¡Aleluya!

2. Oh más altos que los
querubines, más glorioso
que los serafines, dirijan sus
alabanzas, ¡aleluya! Ustedes
portadores del Verbo eterno,
el más amable, glorifiquen
al Señor:
¡Aleluya! ¡Aleluya! ¡Aleluya!
¡Aleluya! ¡Aleluya!

3. Respondan, almas
en el descanso eterno,
santos patriarcas y profetas.
¡Aleluya! ¡Aleluya!
Ustedes apóstoles, ustedes
valientes mártires, todos los
santos triunfantes, canten
por todo lo alto:
¡aleluya! ¡Aleluya!

**100. Alleluya,
sing to Jesus!**
Rowland Hugh Prichard
William Chatterton Dix

ALLELUYA, SING TO JESUS!

1. Alleluia! sing to Jesus!
His the scepter, His the throne.
Alleluia! His the triumph,
His the victory alone.
Hark! the songs
of peaceful Zion
thunder like a mighty flood.
Jesus out of every nation
has redeemed us by His blood.

2. Alleluia! not as orphans
are we left in sorrow now;
Alleluia! He is near us,
faith believes, nor questions how;
Though the cloud
from sight received
Him when the forty days
were o'er Shall our
hearts forget His promise,
I am with you evermore?

1. ¡Aleluya!, ¡canten a Jesús!
Suyo es el cetro, suyo es el trono,
¡Aleluya!, suyo es el triunfo.
Solo de Él es la victoria.
¡Entonen! Los cantos
y la paz de Sión.
Resuenen como grandes ríos.
Jesús a todas las naciones
nos ha redimido por su sangre

2. ¡Aleluya!, no nos ha dejado
huérfanos en nuestra pena,
¡Aleluia!, Él está cerca
de nosotros, cree por la fe,
no preguntes cómo.
Y aunque después de cuarenta
días miremos las nubes
que lo han cubierto,
¿acaso nuestro corazón olvida
su promesa:
"Yo estoy con ustedes
para siempre"?

3. Alleluia! bread of angels,
Thou on earth our food, our stay;
Alleluia! here the sinful
flee to Thee from day to day:
Intercessor, Friend of sinners,
Earth's Redeemer, plead for me,
Where the songs of all the sinless
sweep across the crystal sea.

4. Alleluia! King eternal,
Thee the Lord of lords
we own;
Alleluia! born of Mary,
earth Thy footstool,
Heav'n Thy throne:
Thou within the veil
hast entered,
robed in flesh our
great High Priest;
Thou on earth both priest
and victim in the Eucharistic feast.

3. ¡Aleluya!, pan de los ángeles
Tú eres nuestro alimento
y nuestro hogar, ¡aleluya!,
todos los pecadores vayamos
siempre a Él;
Intercesor, Amigo de pecadores
Redentor del mundo,
ruega por mí.
Donde los cantos de los que
santos cruzan a través
del mar cristalino.

4. ¡Aleluya!, Rey eterno,
somos tuyos, Señor de señores,
¡aleluya!, nacido de María,
celestial es tu trono,
has entrado atravesando el velo,
robado en cuerpo como
Sumo Sacerdote,
siendo en la tierra sacerdote y
víctima en el banquete eucarístico.

Orar con música

El tiempo va de prisa. Los años pasan. Al llegar a una cierta edad, la vida se ve en perspectiva hacia atrás y se tiene más conciencia de que el tramo final está enfrente. A muchos, la fugacidad de los días les aterra; a otros les afianza en el camino para ir más derecho y de prisa a la meta, como el corredor que ve el final, y con ánimo acelera el paso y pone todo su ser en ello.

¿Se puede orar en esta etapa de la vida? La Sagrada Escritura lo recuerda muchas veces, por ejemplo, como lo expresa el Salmo 38: "Señor, dame a conocer mi fin y cuál es la medida de mis años para que comprenda lo caduco que soy. Me concediste un palmo de vida, mis días son nada ante ti; el hombre no dura más que un soplo, el hombre pasa como una sombra, por un soplo se afana, atesora sin saber para quién".

Es verdad. No podemos perder el tiempo en banalidades… "No podemos detenernos. El Señor nos pide un batallar cada vez más rápido, cada vez más profundo, cada vez más amplio. Estamos obligados a superarnos, porque en esta competición la única meta es la llegada a la gloria del cielo. Y si no llegásemos al cielo, nada habría valido la pena" (san Josemaría Escrivá, *Es Cristo que pasa*, núm. 77)

Se cuenta que san John Henry Newman (1801-1890) hizo un largo viaje en un velero por el Mediterráneo. Cuando estaba en Sicilia se puso gravemente enfermo y estuvo cerca de morir por fiebre tifoidea. No obstante, presentía que Dios lo salvaría para llevar a cabo una misión. A las pocas semanas, en su camino de regreso a Inglaterra, redactó este poema.

101. Lead, kindly light
San John Henry Newman
Robert Prizemann

LEAD, KINDLY LIGHT

1. Lead, kindly light amid the encircling gloom
Lead thou me on!
The night is dark and I am far from home
Lead thou me on!

2. Keep thou my feet, I do not ask to see the distant scene, one step enough for me
O lux aeterna, lead thou me on
O lux beata, lead, kindly light, lead me on!

3. So long thy power has blest me, sure it still
Will lead me on
O'er moor and fen, o'er crag and torrent 'til
The night is gone
And with the morn those angel faces smile
Which I have loved long since and lost a while
O lux aeterna, lead thou me on
O lux beata, lead, kindly light, lead me on.
Lead thou me on!

1. Guíame, Luz Amable, entre tanta tiniebla espesa. ¡Llévame Tú! La noche es oscura y estoy lejos de casa. ¡Llévame Tú!

2. Guarda mis pasos. No te pido ver confines ni horizontes, sólo un paso más me basta.
Oh luz eterna, ¡llévame Tú!
Oh luz beatísima, llévame luz amable. ¡Llévame Tú!

3. Por mucho tiempo tu poder me ha bendecido, y firme me llevará hacia adelante.
A través de campo abierto y ciénaga, sobre risco y en torrente hasta desvanecerse la noche. Y con la mañana me sonríen esas caras de ángel.
Por largo tiempo desde entonces las he amado, habiéndolas a veces perdido.
Oh luz eterna, ¡llévame Tú!
Oh luz beatísima,
llévame luz amable.
¡Llévame Tú!

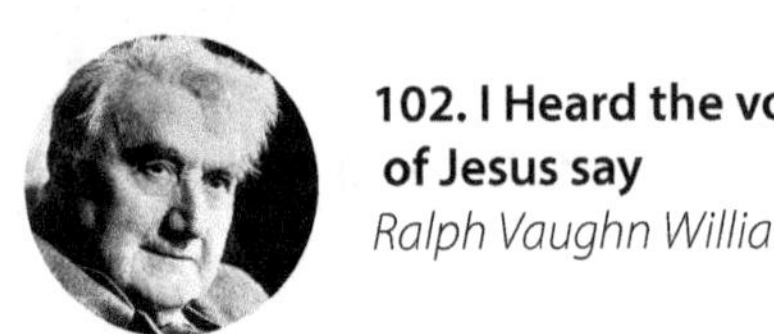 

**102. I Heard the voice
of Jesus say**
Ralph Vaughn Williams

I HEARD THE VOICE OF JESUS SAY

1. I heard the voice of Jesus say,
"Come unto me and rest;
Lay down, thou weary one,
lay down
Thy head upon my breast":
I came to Jesus as I was,
Weary, and worn, and sad;
I found in him a resting-place,
And he has made me glad.

2. I heard the voice of Jesus say,
"Behold, I freely give
The living water, thirsty one;
Stoop down, and drink, and live":
I came to Jesus, and I drank
Of that life-giving stream;
My thirst was quench'd,
my soul reviv'd,
And now I live in him.

3. I heard the voice of Jesus say,
"I am this dark world's light;
Look unto me, thy morn shall rise,
And all thy day be bright":
I looked to Jesus, and I found
In him my star, my sun;
And in that light of life I'll walk
Till travelling days are done.

1. Oí a Jesús decir:
"Ven junto a mí y descansa;
échate, fatigado,
pon tu cabeza sobre mi pecho".
Me acerqué a Jesús como
estaba, fatigado,
gastado, y triste.
Hallé en Él un lugar de reposo,
Y Él me ha alegrado.

2. Oí a Jesús decir:
"He aquí, que libremente doy
El agua viva al sediento;
inclínate, y bebe, y vive".
Me acerqué a Jesús, y bebí
de ese arroyo dador de vida.
Mi sed fue saciada,
mi alma revivida.
Y ahora vivo en Él.

3. Oí decir la voz de Jesús:
"Yo soy luz de
este mundo oscuro;
mírame, tu alba se levantará,
y todo tu día será luminoso".
Le miré a Jesús, y encontré
en Él mi estrella, mi sol;
y en esa luz de vida caminaré
hasta que la peregrinación
se acabe.

El "Nunc dimittis" es un himno que recoge San Lucas en su Evangelio (2, 29-32), así llamado por sus primeras palabras en latín, que significan "Ahora puedes dejar". Simeón era un devoto judío a quien el Espíritu Santo le había prometido que no moriría hasta haber visto al Salvador. Cuando la Virgen María y san José llevaban al Niño Jesús al Templo de Jerusalén para realizar la ceremonia de consagración del primogénito, Simeón estaba allí, y tomó a Jesús en sus brazos y recitó este himno.

Dentro de la Liturgia de las Horas, el "Nunc dimittis" es el canto evangélico empleado en el rezo de las Completas, al acabar el día.

103. Nunc dimittis
Basil Harwood

NUNC DIMITTIS

*Lord, now lettest thou thy servant depart in peace: according to thy word. For mine eyes have seen: thy salvation which thou hast prepared: before
the face of all people;
To be a light to lighten the Gentiles: and to be the glory of thy people Israel.*

Glory be to the Father, and to the Son, and to the Holy Spirit. As it was in the beginning, is now, and ever shall be, world without end.

Amen

Ahora, Señor, puedes dejar que tu siervo se vaya en paz, según tu palabra, porque mis ojos han visto tu salvación, la que has preparado ante la faz de todos los pueblos, luz para revelación de los gentiles y gloria de tu pueblo, Israel.

Gloria al Padre y al Hijo, y al Espíritu Santo. Como era en un principio, ahora y siempre, por los siglos de los siglos.

Amén

La siguiente es una pequeña poesía de autor desconocido, de mediados del siglo XVII, a la que Bach puso una melodía pegajosa y alegre. Aunque no se refiere al final de la vida, muy bien puede aplicarse a ese último momento de nuestra existencia; y a la presencia de María que nos acompaña siempre, "ahora y en la hora de nuestra muerte".

 **104. Bist du bei mir**
Johann Sebastian Bach

BIST DU BEI MIR

Bist du bei mir,
geh ich mit Freuden
Zum Sterben und zu meiner Ruh.
Ach, wie vergnügt
wär so mein Ende,
Es drückten deine
schönen Hände
Mir die getreuen Augen zu.

Si estás conmigo,
con alegría
me iré y descansaré.
Ah, cuán grato sería mi fin
si tus bellas manos
cerraran mis fieles ojos.

105. Be Still my Soul
Jean Sibelius
K. Von Schegel

BE STILL MY SOUL

Be still my soul
-the Lord is on thy side;
bear patiently the cross
of grief or pain;
leave to thy God to order
and provide;
in every change
–he faithful will remain.

Be still, my soul
–thy best thy heavenly Friend
through thorny ways leads
to a joyful end.

Be still my soul
–when dearest friends depart,
and all is darkened
in the vale of tears,
then shalt thou better
know his love
–his heart,
who comes to soothe

Descansa, alma mía,
el Señor está a tu lado.
Lleva con paciencia tu cruz
de dolor o sufrimientos.
Deja a Dios disponer
y proveer para ti.
En toda circunstancia
permanecerá fiel.

Descansa, alma mía,
Él es tu mejor, tu celestial amigo.
A través de senderos tortuosos,
te guía a una meta gozosa

Descansa, alma mía,
tu Dios de veras se esfuerza
a guiar tu futuro
como hizo con tu pasado.
No dejes que ninguna cosa
te haga perder tu esperanza,
tu confianza.

thy sorrow and thy fears.
Be still, my soul
—the waves and winds still
know his voice who ruled them
—while he dwelt below.

Be still my soul
the hour is hastening on when
we shall be forever with the Lord,
when disappointment
—grief and fear are gone, sorrow
forgot, love's purest joys restored.

Be still my soul
—when change
and tears are past,
all safe and blessed,
we shall meet at last.

Todo lo que ahora es
para ti misterioso,
será al final mucho más claro.

Descansa, alma mía,
las olas y vientos
se ven todavía.
Pero su voz los ha gobernado
cuando vivía en la tierra.

Descansa, alma mía:
se acerca ya la hora en la que
estaremos siempre con el Señor,
y entonces las desilusiones,
el dolor y el miedo
se desvanecerán.

La tristeza será olvidada;
tendrás las más puras
alegrías del amor.

Descansa, alma mía;
cuando los cambios
y las lágrimas hayan pasado,
todos salvados y benditos nos
encontraremos al final de todo.

106. Abide with me
Audrey Assad
William Henry Monk

ABIDE WITH ME

1. Abide with me;
fast falls the eventide.
The darkness deepens,
Lord with me abide.
When other helpers fail
and comforts flee,
Help of the helpless,
O abide with me.

2. Swift to its close
ebbs out life's little day.
Earth's joys grow dim,
its glories pass away.
Change and decay
in all around I see.
O Thou who changest not,
abide with me.

3. I fear no foe,
with Thee at hand to bless.
Ills have no weight,
and tears no bitterness.
Where is death's sting?
Where, grave, thy victory?
I triumph still,
if Thou abide with me.

1. Quédate conmigo,
rápido cae el atardecer.
En la oscuridad más profunda,
Señor, quédate conmigo.
Cuando otros fallan
y las comodidades desaparecen,
ayuda a los desamparados,
oh, quédate conmigo.

2. Rápido a su fin
precede el día más pequeño;
las alegrías de la tierra los
oscurece, sus glorias pasan,
el cambio y la decadencia
es todo lo que veo,
oh tú que no cambias,
quédate conmigo.

3. Me temo que no hay enemigo,
contigo en la mano
para bendecir;
los malos no pesan,
y las lágrimas no son amargas.
¿Dónde está, muerte, tu aguijón?
¿Dónde, tumba, está tu victoria?
Triunfaré, si te quedas conmigo.

107. Ven Jesús, mi cuerpo está cansado
Johann Sebastian Bach

VEN JESÚS, MI CUERPO ESTÁ CANSADO

Komm, Jesu,
 komm, Mein Leib ist müde,
Die Kraft verschwindt
je mehr und mehr,
Ich sehne mich
Nach deinem Friede;
Der saure Weg wird mir zu schwer!
Komm, ich will mich dir ergeben;
Du bist der rechte Weg, die
Wahrheit und das Leben.
Drum schließ ich mich
in deine Hände
Und sage, Welt, zu guter Nacht!
Eilt gleich mein Lebenslauf zu Ende,

Ist doch der Geist wohl angebracht.
Er soll bei seinem
Schöpfer schweben,
Weil Jesus ist und bleibt
Der wahre Weg zum Leben.

Ven, Jesús,
mi cuerpo está cansado,
mi fuerza disminuye cada vez
más y más, añoro tu paz.
¡Este camino amargo se vuelve
demasiado difícil para mí!
Ven, ven, voy a dedicarme a Ti.
Tú eres el correcto Camino,
la Verdad y la Vida.
Así yo me pongo
en tus manos y digo:
mundo, ¡buenas noches!
Aunque el curso de mi vida
se apresura ahora a su fin,
mi espíritu todavía está
completamente sano.
Se dirige para estar cerca
de su Creador, y Jesús es
y sigue siendo el verdadero
camino a la vida.

108. Voca me
Robert Prizeman

VOCA ME

As secret as a dream
you call
As silent as the night
for all you cry
Lacrymosa.

Lacrymosa Dies illa
Dolorosa Domine
Lacrymosa Dies illa
Voca me.

Lacrymosa Dolorosa
Dies illa Dolorosa
Voca Domine Lacrymosa
Dolorosa Voca Me.

You whisper in my silent sleep
You answer to my call
when lost I cry Lacrymosa.

Lacrymosa Dolorosa
Dies illa Dolorosa
Voca Domine Lacrymosa
Dolorosa Voca Me.

Lacrymosa Dies illa
Dolorosa Domine
Lacrymosa Dies illa
Voca Me.

Tan en secreto como un sueño,
tú llamas
Tan silenciosa como la noche,
tú lloras por todos,
Lacrymosa.

Lacrymosa Dies illa
Dolorosa Domine
Lacrymosa Dies illa
Voca Me.

Lacrymosa Dolorosa
Dies illa Dolorosa
Voca Domine Lacrymosa
Dolorosa Voca Me.

Susurras en el silencio
de mi sueño
Puedes contestar a mi llamada
cuando perdido lloro,

Lacrymosa
Lacrymosa Dolorosa
Dies illa Dolorosa
Voca Domine Lacrymosa
Dolorosa Voca Me.

Lacrymosa Dies illa
Dolorosa Domine
Lacrymosa Dies illa
Voca Me

La cantata "Despertad, nos llama la voz", escrita para el 27° domingo después de la Trinidad, está basada en la parábola de las diez vírgenes del Evangelio de san Mateo (Mateo 25, 1-13). Cinco de ellas se han quedado dormidas, y las otras les despiertan para que se levanten y preparen sus lámparas para recibir al esposo que llega a la celebración de la boda. El esposo es Cristo que viene a nuestro encuentro al final de la vida para invitarnos a las fiestas del cielo. Aquí se oirá sólo el primer movimiento de la cantata.

109. Wachet auf
Johann Sebastian Bach

WACHET AUF

Wachet auf, ruft uns die Stimme *Der Wächter sehr* *hoch auf der Zinne,* *Wach auf, du Stadt Jerusalem!* *Mitternacht heißt diese Stunde;* *Sie rufen uns mit hellem Munde:* *Wo seid ihr klugen Jungfrauen?* *Wohl auf, der Bräutgam kömmt;* *Steht auf, die Lampen* *nehmt! Alleluja!* *Macht euch bereit* *Zu der Hochzeit,* *Ihr müsset ihm entgegen gehn!*	Despertad, nos llama la voz de los vigías, arriba en la torre; despierta, tú, ciudad de Jerusalén. medianoche se llama la hora; nos llaman con voces brillantes; ¿dónde estáis, vírgenes sabias? Sin duda ha llegado el Novio; levantad, tomad vuestras lámparas, ¡aleluya! Preparaos para la boda,habéis de encontraros con Él.

110. Dios es nuestra esperanza
Johann Sebastian Bach

DIOS ES NUESTRA ESPERANZA

Gott ist unsre Zuversicht,
Wir vertrauen seinen Händen.
Wie er unsre Wege führt,
Wie er unser Herz regiert,
Da ist Segen aller Enden.

Dios es nuestra esperanza,
en sus manos confiamos.
Como quiera que dirija
nuestro camino,
como quiera que rija
nuestro corazón,
donde sea tendremos
su bendición.

1 ORAR PROFESANDO LA PROPIA FE

2 ADORAR AL PADRE, AL HIJO Y AL ESPÍRITU SANTO

3 ORAR A DIOS PADRE

4 ORAR A JESUCRISTO

5 ORAR AL ESPÍRITU SANTO

6 CANTAR PARA ALABAR Y DAR GRACIAS A DIOS

7 ORAR ANTE LA EUCARISTÍA

8 ORAR A MARÍA

9 CANTAR CON LOS ÁNGELES

10 ORAR EN NAVIDAD

11 ORAR EN LA CUARESMA Y PIDIENDO PERDÓN

12 ORAR EN SEMANA SANTA

13 ORAR EN PASCUA

14 CANTOS PARA EL FINAL DE LA VIDA

15 CANTOS PARA CELEBRAR LA MUERTE CRISTIANA

En la historia de las religiones la música ha estado siempre unida a funerales, cultos de entierros y oraciones por las y los que se han ido. El dolor de su partida hace necesario cantar para expresar mejor lo que sienten quienes se han quedado aquí. Para algunos parece una pérdida total; para otros es sólo el comienzo de la verdadera vida, que no acabará jamás.

"Al atardecer de nuestra vida, seremos juzgados por el amor" (san Juan de la Cruz). Cuando nuestro tiempo aquí abajo haya concluido, lo único importante será el amor que hayamos dado a otros, pero en primer lugar a Dios. Y, por contraste, nuestras faltas y errores nos pesarán más en esos momentos y nos moverán profundamente a pedir perdón.

Desde los primeros cristianos hasta el final del mundo la Santa Misa, la Eucaristía celebrada, se ofrece por los difuntos, rogando a Dios que tenga piedad de sus hijos, pecadores, y les conceda el descanso (réquiem) eterno, y que sus penas por los pecados cometidos hayan sido aliviadas por su perdón y misericordia.

Aquí se muestran algunos ejemplos musicales de los innumerables repertorios que sirven para orar cuando fallecen nuestros seres queridos y encontrar en estas oraciones el consuelo que necesitamos para vivir ese trance en el clima de la vida de fe.

111. Requiem aeternam
Michael Haydn
Misa por el difunto
arzobispo Segismundo

REQUIEM AETERNAM

Requiem æternam dona eis,
Domine,
et lux perpetua luceat eis.
Te decet hymnus Deus,
in Sion, et tibi reddetur
votum in Ierusalem.

Exaudi orationem meam;
ad te omnis caro veniet.

Requiem aeternam dona eis,
Domine,
et lux perpetua luceat eis.
Kyrie eleison
Christe eleison.
Kyrie eleison.

Dales Señor, el eterno descanso,
y que la luz perpetua los
ilumine, Señor.
En Sion cantan dignamente tus
alabanzas.
En Jerusalén te ofrecen sacrificios.

Escucha mis plegarias, Tú,
hacia quien van todos los
mortales.

Dales Señor, el eterno descanso,
y que brille para ellos la luz
perpetua.
Señor ten piedad.
Cristo ten piedad.
Señor ten piedad.

112. In Paradisum
Gabriel Fauré
Réquiem

IN PARADISUM

In paradisum deducant te Angeli;
in tuo adventu suscipiant te mar-
tyres, et perducant te
in civitatem sanctam
Ierusalem.

Que los ángeles te lleven al
paraíso, en tu llegada
te reciban los mártires
y te lleven a la ciudad santa,
Jerusalén.

Chorus angelorum te suscipiat,
et cum Lazaro quondam paupere
æternam habeas réquiem

El coro de los ángeles te reciba
y con Lázaro, ya nunca más
pobre, tengas un descanso
eterno.

113. Rest in Peace
Ralph Vaughn Williams
Peter Skellern

REST IN PEACE

1. For all who need comfort,
for all those who mourn
All those whom we cherished
will be reborn
All those whom
we love but see no more
They are not perished,
but gone before
And lie in the tender
arms of he
Who died for us all
to set us free
From hatred and anger
and cruel tyranny
May they rest in peace,
and rise in glory.

2. All suffering and sorrow
will be no more
They'll vanish like shadows
at heaven's door
All anguish and grieving
will one day be healed
When all of God's purpose
will be revealed

1. Para todos los que
necesitan consuelo,
para todos los que lloran.
Todos los que amamos renacerán.
Todos aquellos a quienes amamos,
pero no vemos más.
No han perecido,
sino que se han ido antes.
Y reposan en los tiernos
brazos de Él.
Que murió por todos nosotros
para liberarnos.
Del odio y la ira y la tiranía cruel.
Que descansen en paz
y se levantan en gloria.

2. Todo sufrimiento y tristeza
no serán más.
Desaparecerán como sombras
ante la puerta del cielo.
Toda la angustia y el dolor
serán curados algún día.
Cuando todo el propósito
de Dios sea revelado.
Aunque ahora por una

Though now for a season
lost from sight
The innocent slain
in the blindness of right
Are now in the warmth of God's
glorious light
Where they rest in peace,
and rise in glory.

3. Lord give me wisdom
to comprehend
Why I survive and not my friend
And teach me compassion
so I may live
All my enemies to forgive
For all who need comfort,
for all who mourn
All those whom we cherished
will be reborn
All those whom we love but
see no more
They are not perished,
but gone before
And Lord keep them safe
in your embrace
And fill their souls with
your good grace.
For now they see you face to face
Where they rest in peace,
and rise in glory

temporada perdida de vista
los inocentes muertos
en la ceguera de la ley.
Ahora están en el calor
de la luz gloriosa de Dios.
Donde descansen en paz
y se levantan en gloria.

3. Señor dame sabiduría
para comprender
¿por qué sobrevivo
y no mi amigo?
Enséñame compasión
para que pueda vivir
y a todos mis
enemigos perdonar.
Para todos los que necesitan
consuelo, para todos
los que lloran.
Todos los que amamos renacerán.
Todos aquellos a quienes
amamos, pero no vemos más.
No han perecido,
sino que se han ido antes.
Y reposan en los tiernos
brazos de Él.
Que murió por todos nosotros
para liberarnos.
Del odio y la ira y la tiranía cruel.
Que descansen en paz
y se levantan en gloria.

"Jesús, misericordioso" ("Pie Jesu"). Este célebre himno es el final de otro mucho mayor, también famoso, llamado "Dies irae" ("Días de ira"), incluido frecuentemente en los repertorios de las misas de difuntos. Muchos músicos le han dado forma a esta plegaria para rezar por los difuntos. Sus delicadas notas expresan una súplica serena, llena de emoción, tanto para quien la canta como para quien la escucha con espíritu de oración.

114. Pie Jesu
Andrew Lloyd Webber

115. Pie Jesu
Gabriel Fauré

PIE JESU

Pie Jesu	Jesús, misericordioso,
Qui tollis peccata mundi,	que quitas el pecado del mundo,
Dona eis requiem.	dales el descanso.
Agnus Dei,	Cordero de Dios,
Qui tollis peccata mundi,	que quitas el pecado del mundo,
Dona eis requiem, Sempiternam	dales el descanso eterno.

THOU WILT KEEP HIM IN PERFECT PEACE

*Thou wilt keep him
in perfect peace,
whose mind is stayed on Thee.
The darkness is no darkness
with Thee,
but the night is as clear as the day.
The darkness and the light to
Thee are both alike.
God is light,
and in Him is no darkness at all.
O let my soul live,
and it shall praise Thee,
For Thine is the kingdom,
the power and the glory,
for evermore.*

Tú lo cuidarás
en una paz perfecta,
cuya alma permaneció en Ti.
La oscuridad contigo
no es oscuridad,
la noche es clara como el día.
Él está por encima
de la oscuridad y de la luz.
Dios es Luz
y en Él no hay tinieblas
para nadie.
Deja que mi alma viva,
y te alabará.
Tuyo es el reino,
tuyo el poder
y la gloria por siempre,
Señor.

La música para el funeral de la reina María II de Inglaterra tomó forma en este himno para coro y orquesta, en 1695.

117. Thou Knowest Lord
Henry Purcell

THOU KNOWEST LORD

*Thou knowest, Lord, the secrets
of our hearts;
Shut not thy merciful ears
unto our pray'rs;
But spare us, Lord most holy,
O God most mighty.
O holy and most merciful Saviour,
Thou most worthy Judge eternal,
Suffer us not at our last hour,
For any pains of death
to fall away from Thee.*

Tú conoces, Señor, los secretos
de nuestros corazones.
No cierres tus oídos
misericordiosos
a nuestros ruegos;
perdónanos, Señor, Dios Santo
y todopoderoso.
Oh, Salvador Santo
y todopoderoso.
Tú, el más digno Juez,
no nos hagas sufrir en la última
hora, que los esfuerzos y dolores
de muerte no nos alejen de Ti.

En la liturgia romana, en la misa por los difuntos (o de *ré-quiem*), se ruega a Dios por aquellos que han dejado este mundo para que ya estén gozando de la luz de Dios en la eternidad, junto con todos los santos. Hay decenas de expresiones musicales para cantar esta antigua y profunda oración. El autor, Edward Elgar, había compuesto esta partitura para otra famosa obra, las llamadas *Variaciones Enigma* (X. Nimrod). Aquí un conjunto vocal adaptó esa música sublime al clásico texto latino en un polifónico, extraordinario y místico, de ocho voces.

118. Lux aeterna
Edward Elgar

LUX AETERNA

Lux aeterna luceat eis, Domine,
cum sanctis tuis in aeternum,
quia pius es.
Requiem aeternam dona eis,
Domine,
et lux perpetua luceat eis:
Cum sanctis tuis in aeternum,
quia pius es.

Que la luz eterna brille
para ellos, Señor,
en medio de tus santos
porque eres piadoso.
Dales el reposo eterno, Señor,
y que la luz eterna brille
sobre ellos.
Como santos tuyos para siempre,
pues eres misericordioso.

119. Wie lieblich sind deine Wohnungen
Réquiem alemán
Johannes Brahms

WIE LIEBLICH SIND DEINE WOHNUNGEN

Wie lieblich sind deine Wohnungen,
Herr Zebaoth!
Meine Seele verlanget und sehnet
sich nach den Vorhöfen des Herrn;
mein Leib und Seele freuen sich
in dem lebendigen Gott.

Wohl denen, die in deinem
Hause wohnen,
die loben dich immerdar

¡Qué hermoso es el lugar de tu
morada, Señor de los ejércitos!
Porque mi alma, que anhela,
sí desfallece, por los atrios del
Señor. Mi alma y el cuerpo da
voces, sí al Dios vivo.

¡Qué hermoso es el lugar
de tu morada,
oh ¡Señor de los Ejércitos
Benditos son los que habitan en
tu casa, Alaban a tu nombre por
siempre.
¡Qué hermosa es tu morada!

El Réquiem (descanso) o Misa de Réquiem, conocida también como Misa de Difuntos de la religión católica, es un ruego por las almas de los muertos, antes del entierro o en las ceremonias de conmemoración o recuerdo. Su nombre proviene de las primeras palabras del "Introito": *Requiem æternam dona eis, Domine, et lux perpetua luceat eis (Concédeles el descanso eterno, Señor, y que brille para ellos la luz perpetua)*. Aquí se recoger sólo el Canto para la Comunión.

120. Lux Aeterna
Wolfgang Amadeus Mozart
Réquiem

LUX AETERNA

Lux æterna luceat eis, Domine
cum sanctis tuis in æternum,
quia pius es.
Requiem æternam dona eis,
Domine, et lux perpetua luceat eis.
Cum sanctis tuis in æternum,
quia pius es.

Que luzca para ellos la luz eterna, Señor, con tus santos, porque eres misericordioso. Dales, Señor, el descanso eterno y brille para ellos la luz perpetua, con tus santos, porque eres misericordioso.

PLAYLIST

Esta edición consta de 500 ejemplares y se imprimió
el 22 de noviembre de 2020,
memoria litúrgica de Santa Cecilia, Patrona de los músicos,
en la imprenta Ultra Digital Press, S.A. de C.V.
Ciudad de México, México